RACH KOCHT

Christian Rach / Susanne Walter
Fotografien von Wolfgang Schardt

Für unsere Mütter
Beate und Tilli

Essen und Trinken …

... sind die wichtigsten Bestandteile des Tages und vor allen Dingen des sozialen Lebens, sprich – der Familie.

Wenn man zusammen isst, spricht man miteinander, man ist fröhlich, man lacht, man klärt Probleme, man streitet, man diskutiert, man schweigt oder man liebt. Wenn wir diesen Stellenwert des gemeinsamen Essens wiedererkennen und wenigstens eine gemeinsame Mahlzeit mit der Familie einnehmen, bin ich mir sicher, haben wir glücklichere Eltern, Kinder, Freunde und überhaupt ein harmonischeres Zusammenleben.

Diese Tatsache sei vorausgeschickt als Basis meines Buches.

Sich gesund zu ernähren bedeutet nicht, nur Light-Produkte zu essen oder gar auf jegliches Fett zu verzichten. Es geht um lustvolles und gesundes Essen mit guten Zutaten sowie ausgewogenen Mahlzeiten.

Natürlich ist Zeit bei uns allen knapp bemessen und »richtiges Kochen« kann und ist teilweise zeitintensiv. Aber durch gute Planung und richtiges Vorbereiten kann man sich die fehlende Zeit gut einteilen. Tipps und Anleitungen dazu finden Sie auf den folgenden Seiten meines Buches.

Wichtig: alle Mahlzeiten des Tages zählen. Deswegen gibt es von mir Rezepte für morgens, mittags und abends. Ich glaube, wer morgens schon gesund und fit in den Tag startet, dem fällt es auch leichter, den restlichen Tag mit voller Energie und Lust zu bewältigen.

Speisen Sie Ihren Körper nicht mit minderer Qualität ab. Für Ihr Auto nehmen Sie ja auch nicht das schlechteste Öl (denn dies würde auf Dauer dem Motor schaden).

Was gute Produkte für eine Power haben, können Sie in den fachkundigen Informationen nachlesen, die die Ernährungswissenschaftlerin Ulrike Gonder beigesteuert hat.

Seien Sie gespannt und essen Sie gut: morgens, mittags und abends.

Christian Rach

P.S.: Und wenn Sie doch mal keine Zeit haben, es gibt gute Produkte, die bereits vorbereitet wurden und daher schnell zu zubereiten sind. Diese Lebensmittelprodukte und vieles mehr können Sie auf meiner Internetseite www.christianrach.de unter »Rach getestet« nachlesen.

Inhaltsverzeichnis

—

Morgens, mittags, abends –
Kaiser, König und Bettelmann sind überholt!

Die alte Regel, wonach man wie ein Kaiser frühstücken, mittags wie ein König und abends wie ein Bettelmann zu Tisch sitzen soll, hat heute keine Bedeutung mehr. Sie war wichtig zu einer Zeit, als die Menschen noch körperlich hart arbeiten mussten und daher nicht mit leerem Magen zur Arbeit erscheinen sollten. Frühstück und Mittagessen waren für die Leistungsfähigkeit unerlässlich, doch was nach Feierabend auf den Tisch kam, konnte den Fabrikbesitzern egal sein. Die heutige Arbeitswelt fordert von den wenigsten noch körperliche Kraftanstrengungen. Daher ist es nicht mehr wichtig, wie ein Kaiser zu frühstücken – sofern man nicht mit einem Bärenhunger aufgestanden ist.

Auch die Wertigkeit der anderen Mahlzeiten hat sich verschoben, nicht zuletzt durch die Berufstätigkeit vieler Frauen. So verlagerte sich die traditionelle Hauptmahlzeit in Deutschland in den letzten Jahrzehnten vom Mittag auf den Abend. Es ist für viele die nahrhafteste Mahlzeit des Tages, jene, für die man sich die meiste Zeit nimmt, bei der die Familie zusammensitzt, wo geredet, gescherzt, diskutiert und Ernährungsverhalten geprägt wird.

Frühstück – der Start in den Tag

Wer regelmäßig frühstückt, beginnt den Tag nicht nur gut mit Nährstoffen versorgt, er ist auch konzentrierter und leistungsfähiger. Auch das Risiko übergewichtig zu werden sinkt. Echten Frühstücksmuffeln mag das egal sein. Allerdings können auch sie den Start in den Tag optimieren. Wer morgens nicht viel essen mag, braucht sich nicht zu einem üppigen Frühstück zu zwingen. Doch ohne einen Bissen aus dem Haus zu gehen, ist nicht empfehlenswert: Mit leerem Magen lässt sich weder gut lernen noch konzentriert arbeiten.

Nur jeder Zweite frühstückt hierzulande noch zu Hause und regelmäßig. Das heißt, dass die andere Hälfte unregelmäßig und auswärts frühstückt: entweder auf dem Weg ins Büro oder an der Arbeitsstelle. Das beschränkt die Auswahlmöglichkeiten, und allzu oft besteht das »Unterwegs-Frühstück« aus süßem Gebäck, das kaum wichtige Nährstoffe liefert. Dafür ist es kalorien-, fett- und zuckerreich, eine besonders ungünstige Kombination für bewegungsarme Schreibtischtäter. Wer morgens keinen großen Appetit oder wenig Zeit hat, kann trotzdem geschmackvoll und gesund in den Tag starten: Ideal sind Milchmix-Getränke, wie z. B. unsere Karotten-Ingwer-Milch und der Beeren-Smoothie.

Alle, die morgens hungrig und mit gutem Appetit aufstehen, haben die große Auswahl. Denn für einen guten Start in den Tag gibt es viele leckere Varianten: ein original Birchermüsli kombiniert nahrhafte Haferflocken und Nüsse mit Milchprodukten und Obst, es ist eine hervorragende Nährstoff-Basis für eine gesunde Tageskost. Eier, ob im Glas, als Omelett oder Pfannkuchen, süß oder pikant, bieten ungeahnte Variationsmöglichkeiten. Gesundheitlich ist das Ei längst rehabilitiert, es ist eine Nährstoffbombe par excellence und sorgt für lange Sättigung. Belegte Brote sind Frühstücksklassiker, idealerweise kombiniert man sie mit einer Portion Obst oder Gemüse. Weintrauben, Melone, Tomaten, Gurken & Co. runden das Frühstück im Nährwert ab und liefern wertvolle sekundäre Pflanzenstoffe. Alternativ darf es natürlich auch ein Glas Obst- oder Gemüsesaft sein – am besten frisch zubereitet.

Wie viel man frühstücken soll, lässt sich nicht pauschal sagen. Eine Faustregel lautet, dass erstes und gegebenenfalls zweites Frühstück zusammen ein Viertel bis ein Drittel der benötigten Kalorien und Nährstoffe des Tages liefern sollen. Viel wichtiger als solche Regeln ist jedoch, dass man nicht zwei Stunden nach dem (ausgefallenen) Frühstück hungrig und unkonzentriert wird, weil der Blutzuckerspiegel absackt. Um das zu verhindern, wäre ein Vollkorntoast mit Quark und ein wenig Konfitüre sinnvoller als ein helles Brötchen mit Gelee. Auch ein selbst gemixtes Müsli ist zwar süß, aber nährstoffreicher und sättigender als ein Marmeladenbrot.

3 oder 5 Mahlzeiten? Mittags oder abends warm?

Wie alle Lebewesen, unterliegt auch der Mensch einem Biorhythmus. Normalerweise steigt unsere Leistungsfähigkeit morgens an, zum späten Vormittag fällt sie leicht ab, um am Mittag einen ersten Tiefpunkt zu erreichen. Es folgen ein zweiter, etwas geringerer Leistungsanstieg bis zum frühen Abend und ein deutlicher Abfall während der Nacht. Jetzt regeneriert, repariert und erholt sich der Körper, auf Verdauungsarbeit ist er nicht gut zu sprechen. Deswegen liegen allzu späte üppige Mahlzeiten gerne schwer im Magen. Auf diesem Auf und Ab der Leistungsfähigkeit während des Tages gründet sich die häufig geäußerte Empfehlung, nicht drei, sondern besser fünf Mahlzeiten zu essen. Die Argumentation verläuft so: Das Frühstück füllt die über Nacht geleerten Energiereserven auf und sorgt für einen guten Start in den Tag. Die morgendliche Zwischenmahlzeit soll die Fitness bis zum Mittagessen sichern und der nachmittägliche Imbiss das Leistungstief vor dem Abendessen abmildern.

Damit das funktioniert, darf der Blutzuckerspiegel nicht allzu stark schwanken. Ein rasches Absacken des Blutzuckers alarmiert das Gehirn, das auf eine konstante Energiezufuhr angewiesen ist. Es meldet Hunger und man steht zitternd vor dem Kühlschrank und sucht nach Essbarem. Ein gesunder Organismus hat normalerweise keine Probleme mit dem Auf und Ab seines Blutzuckerspiegels. Es gibt jedoch Menschen, die empfindlich reagieren und für die es besonders sinnvoll ist, mit zucker- und stärkereichen Speisen und Snacks zu geizen.

Wer den ganzen Tag über fit und leistungsfähig sein möchte, sollte sowohl »Hungerlöcher« als auch »Essnarkosen«, also die bleierne Müdigkeit nach einem zu üppigen Essen, vermeiden. Doch fünf Mahlzeiten oder eine bestimmte Aufteilung der Speisen braucht es dafür nicht. Denn der Blutzuckerspiegel lässt sich auch mit drei Mahlzeiten stabil halten. Dazu ist es hilfreich, ausreichend Eiweiß und weniger Kohlenhydrate zu essen: Also etwas Zurückhaltung bei Kartoffeln, Brot, Nudeln und Reis üben und dafür mehr Fleisch, Fisch, Hülsenfrüchte, Eier, Nüsse, Milchprodukte oder Käse essen. Eiweiß sättigt von allen Nährstoffen am schnellsten und am längsten. Von den hochwertigen Fetten wie guten Pflanzenölen und Butter darf man so viel verwenden, wie es der Geschmack und die Zubereitung erfordern. Reichlich Gemüse und Salate sorgen dafür, dass die Kalorienbilanz im Rahmen bleibt, die darin enthaltenen Ballaststoffe sättigen ebenfalls gut.

Eine solche moderat kohlenhydratreduzierte Kostform ist abwechslungs- und nährstoffreich, der Blutzuckerspiegel bleibt in seinen optimalen Grenzen und man ist lange satt, ohne sich voll zu fühlen. Wer es einmal ausprobiert, wird zudem feststellen, dass der nachmittägliche oder abendliche Süßhunger ausbleibt. Das ist für Figurbewusste, aber auch für Diabetiker, ein großer Vorteil.

Ob man seine warme Mahlzeit mittags oder abends isst, spielt für die Gesundheit keine Rolle. Es ist auch möglich, zwei warme Mahlzeiten täglich zu genießen, mittags und abends. So kommen meist weniger Kalorien und mehr Nährstoffe zusammen, als wenn immer nur belegte Brote gegessen werden. Wer auf die Linie achten möchte oder muss, sollte nicht kurz vor dem Zubettgehen üppig essen. Besser ist hier ein frühes Abendessen, dem noch ein wenig körperliche Aktivität folgt, und sei es nur ein kleiner Spaziergang. Sehr späte, kalorien- und kohlenhydratreiche Mahlzeiten behindern das Abnehmen und fördern das Zunehmen.

Starre Regeln für alle gibt es beim Essen nicht, denn jeder Mensch ist anders, einzigartig, auch in seinen Nahrungsbedürfnissen und in seiner Verdauungskraft. Deswegen existiert sie auch nicht, die ultimative gesunde Ernährung für alle. So wie es Morgenmuffel und Frühaufsteher gibt, kommt der eine mit zwei Mahlzeiten aus, während andere drei-, vier- oder fünfmal essen. Gesund ist, was satt macht, gut schmeckt, alle Nährstoffe liefert und dabei die Figur erhält.

3 Tipps fürs richtige Essen

1. Rechtzeitig essen, um Heißhunger zu vermeiden. Wer zittrig ist, weil er nichts gegessen hat, ist nicht leistungsfähig und neigt zu unkontrolliertem Essen. Regelmäßige Mahlzeiten zu essen ist gesünder und hält eher schlank als ständig zu snacken oder Mahlzeiten auszulassen.

2. Wer Zwischenmahlzeiten mag oder braucht, sollte statt zucker- und stärkereicher Snacks lieber eiweißreiche Kombinationen bevorzugen: also ein Milchprodukt oder etwas Käse zum Obst oder zum Keks, ein paar Nüsse anstelle von süßem Gebäck, und warum nicht mal ein hart gekochtes Ei und zwei Tomaten oder ein Vollkornbrot mit Schinken für zwischendurch? Probieren Sie unvoreingenommen aus, was Ihnen guttut, ohne zu belasten.

3. Wer mittags kein warmes Essen bekommt, kann problemlos abends warm essen. Damit die Mahlzeiten nicht zu üppig werden und alle Nährstoffe liefern, sollte immer Gemüse oder Salat mit dabei sein.

MORGENS

Wassermelonen-Erdbeer-Smoothie

Ergibt 4 Gläser
Zubereitungszeit: ca. 10 Minuten
–

*350 g Erdbeeren · 350 g Wassermelone ohne Schale ·
350 ml Kefir*

Erdbeeren waschen, den Stielansatz entfernen und
die Früchte vierteln. Wassermelonenfruchtfleisch
in Würfel schneiden. Beides zusammen im Mixer pürieren und durch ein Sieb passieren. Smoothie in vier Gläser füllen und den gekühlten Kefir
einrühren.

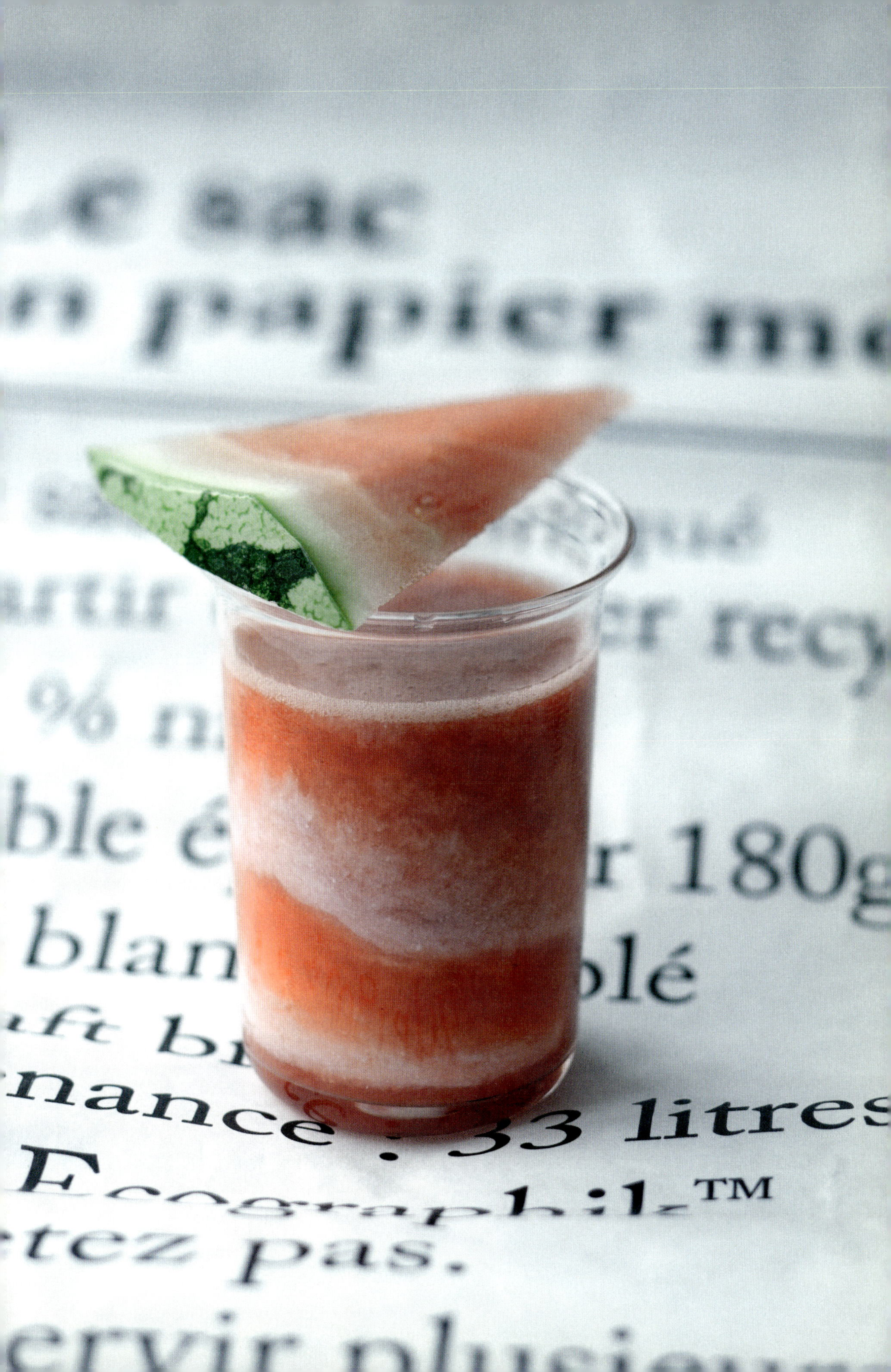

n papier m
r 180g
nance : 33 litres
Ecographik™
tez pas.

Beeren-Smoothie

Ergibt 4–6 Gläser
Zubereitungszeit: ca. 10 Minuten
–

*250 g Brombeeren · 250 g Rote Johannisbeeren ·
500 g Blaubeeren · 300 ml Kefir · 2 EL brauner
Zucker · 4–6 Johannisbeerrispen zum Garnieren ·
etwas weißer Zucker*

Brombeeren, Johannisbeeren und Blaubeeren waschen und auf einem Sieb abtropfen lassen. Johannisbeeren von den Rispen streifen. Alle Zutaten im Mixer fein pürieren und nach Belieben durch ein nicht zu feines Sieb passieren.

Smoothie in die Gläser füllen und jedes mit je einer in Zucker gewälzten Johannisbeerrispe garnieren.

Milchprodukte

—

Die Milch ist ein durchaus umstrittenes Lebensmittel – für die einen der Inbegriff der Gesundheit, für andere die Quelle aller möglichen gesundheitlichen Beschwerden. Wer sich einmal ohne Scheuklappen im Bekanntenkreis umsieht, wird feststellen, dass es da sowohl Quark- und Joghurt-Fans gibt als auch Milch- und Käsehasser – und dazu noch alle möglichen Zwischenstufen. Und genau das ist die Realität: Manche Menschen mögen Milch, andere nicht, manche vertragen sie gut, anderen geht es ohne besser. Deswegen lässt sich die umstrittene Milchfrage leicht beantworten: Wer Milch (und Milchprodukte) verträgt, für den sind sie gehaltvolle, nährstoffreiche Lebensmittel. Sie liefern viel leicht verdauliches Eiweiß, daneben etwas Vitamin D, Vitamin K und A, B6, B12 und vor allem Vitamin B2, dazu Mineralstoffe und Spurenelemente, allen voran viel Kalzium für gesunde Knochen und Zähne.

Immer wieder ist zu hören, Milch sei kein Getränk. Dennoch trinken wir sie. Gemeint ist, dass Milch nicht nur Flüssigkeit liefert wie Wasser, sondern ein flüssiges Nahrungsmittel ist. Denn neben den Vitaminen und Mineralstoffen enthält sie auch Milchzucker, Milchfett und Milcheiweiß. Und die liefern Kalorien. So stecken in einem 0,2-Liter-Glas Vollmilch rund 130 Kilokalorien. Ist teilentrahmte Milch im Glas, sind es rund 100 Kilokalorien und bei Magermilch rund 60 Kilokalorien. Vor allem Kinder sollten keine fettarme Milch bekommen, denn mit dem Fett gehen auch die fettlöslichen Vitamine A, D und K verloren. Kinder brauchen nicht nur die Vitamine, sondern auch das Fett. Es stellt nicht nur eine hervorragende Energiequelle dar, es schmeckt auch gut. Denn je weniger Fett die Milch enthält, umso »dünner« ihr Geschmack. Übrigens schnitt Biomilch in Geschmackstests durchweg besser ab; zudem liefert sie noch gesündere Fette.

Milchfett ist besonders leicht verdaulich und gut bekömmlich. In zahlreichen Studien hatten jene Teilnehmer gesundheitliche Vorteile, die Vollmilch oder Vollmilchprodukte genossen. Wer also glaubt, mit dem Milchfett nur unnütze Kalorien einzusparen und ansonsten gesünder zu leben, irrt. Zumal gerade bei fettarmen Fruchtjoghurts gerne viel Zucker verwendet wird. So stehen sie im Kaloriengehalt den vollfetten Varianten kaum nach. Hier lohnt sich ein Blick aufs Etikett. Der optimale Fruchtjoghurt ist noch immer der mit Naturjoghurt, selbst geschnippeltem Obst und bei Bedarf maßvoll mit Zucker oder Honig gesüßt. In einem handelsüblichen 150-Gramm-Becher Fruchtjoghurt versteckt sich maximal eine Erdbeere. Der Geschmack kommt vom zugesetzten Aroma.

Joghurt ist wie Quark, Dickmilch oder Kefir ein mithilfe von speziellen Bakterien gesäuertes Milchprodukt. Die Säuerung der Milch hat den Vorteil, dass sie das Produkt länger haltbar und für viele Menschen verträglicher macht. Außer Milchsäure bilden die zugesetzten Bakterien auch Aromastoffe, das Vitamin Folsäure sowie Stoffe, die das Immunsystem anregen. Daher wirkt sich der Genuss von Joghurt günstig auf die Darmgesundheit aus und unterstützt die Abwehrkräfte.

Als besonders günstig für die Darmgesundheit gelten probiotische Joghurts. Ihnen werden spezielle Kulturen zugesetzt, die die Passage durch den Magen-Darm-Trakt besser überstehen als herkömmliche Joghurtbakterien und die daher in größeren Mengen lebend im Darm ankommen. In Einzelfällen konnte mit solchen Produkten die Verdauung verbessert werden. Das heißt jedoch nicht, dass probiotische Joghurts generell gesünder sind als herkömmliche. Ihr Nutzen ist nach wie vor umstritten. Am besten, man probiert aus, welches Produkt einem am besten bekommt.

Trauben-Kiwi-Smoothie

Ergibt 4 Gläser
Zubereitungszeit: ca. 10 Minuten

–

500 g kernlose, weiße Trauben · 500 g Kiwis ·
8 Eiswürfel oder 8 EL Crushed Ice

Trauben gut waschen und die einzelnen Beeren vom Stiel zupfen. Kiwis schälen und in Stücke schneiden. Alles in einem Mixer fein pürieren und mit Eiswürfeln oder Crushed Ice in vier Gläser füllen.

Karotten-Ingwer-Milch

Ergibt 4 Gläser
Zubereitungszeit: ca. 10 Minuten

–

1 Stück frischer Ingwer (10–25 g) · 500 ml frischer Karottensaft, ersatzweise aus der Flasche · Saft von ½–1 Limette · 2–3 EL Honig · 400 ml Buttermilch · evtl. ½ Chilischote · 4 Limettenspalten zum Garnieren

Die je nach Geschmack gewünschte Menge Ingwer schälen, fein reiben und mit allen übrigen Zutaten in einem Mixer pürieren. Nach Belieben durch ein nicht zu feines Sieb passieren.

Karotten-Ingwer-Milch in vier Gläser füllen und jedes mit einer Limettenspalte garnieren.

Mango-Joghurt-Schümli

Ergibt 4 Gläser
Zubereitungszeit: ca. 20 Minuten
–

8 EL Crushed Ice, ersatzweise 8 Eiswürfel · 1 reife Mango · 200 g Joghurt · 4 Tassen Milchkaffee, abgekühlt · 150 ml Milch

Mango schälen, Stein entfernen und das Fruchtfleisch in Würfel schneiden. Die Mangowürfel in vier große Gläser geben, den Joghurt und das Crashed Ice darauf verteilen, vorsichtig jeweils einen Milchkaffee angießen.

Die Milch in einem kleinen Topf erhitzen und mit dem Schneebesen oder einem Milchaufschäumer zu Schaum schlagen. Milchschaum auf die Gläser verteilen.

Guten-Morgen-Tee

Ergibt 1 l
Zubereitungszeit: ca. 15 Minuten
–

1 Stück frischer Ingwer (20 g) · 1 Stange Zitronengras · 5 Zweige Eisenkraut · 5 Zweige Minze · 5 Zweige Zitronenmelisse · Honig nach Belieben

Ingwer schälen und in hauchdünne Scheiben schneiden. Zitronengrasspitze und äußeres Blatt entfernen, die Stange gründlich heiß abwaschen und in dünne Ringe schneiden. 1,2 l Wasser in einem Topf zum Kochen bringen, Ingwer und Zitronengras zufügen und 5 Minuten bei niedriger Temperatur simmern lassen.

Eisenkraut, Minze und Zitronenmelisse waschen, in eine Teekanne geben und mit dem kochend heißen Wasser mit Ingwer und Zitronengras überbrühen. Tee ca. 8 Minuten ziehen lassen und in Tassen gießen (eventuell durch ein Sieb passieren). Tee nach Belieben mit Honig süßen.

Leib und Seele zusammen.

Wer nicht genießt,

wird ungenießba

Stachelbeerkompott mit Quark

Ergibt 4 Portionen
Zubereitungszeit: ca. 10 Minuten
Marinierzeit: ca. 1 Stunde
Kochzeit: ca. 5 Minuten

–

*250 g Stachelbeeren · 120 g Zucker · 150 g Rote
Johannisbeeren · 12 g (½ Packung) Gelfix extra 2:1 ·
Mark von ½ Vanilleschote · 50 ml Traubensaft ·
500 g Quark (Fettstufe nach Belieben)*

Stachelbeeren waschen und putzen, mit dem
Zucker bestreuen und 1 Stunde ziehen lassen. Die
Früchte in einen Topf geben, Gelfix und Vanille-
mark unterrühren und den Traubensaft angießen.

Das Ganze aufkochen und weitere 3–4 Minuten sprudelnd kochen lassen, bis die Stachelbeeren
leicht weich sind. Johannisbeeren waschen und
unterrühren. Abkühlen lassen.

Quark in vier Schälchen verteilen und das
Kompott darauf verteilen.

Birchermüsli

Ergibt 4–6 Portionen
Zubereitungszeit: ca. 35 Minuten
Einweichzeit: ca. 12 Stunden (über Nacht)

—

200 g (15 EL) grobe Haferflocken · 50 g Haselnüsse, gemahlen · 50 g Mandeln, gemahlen · 10 g Butter · 2 EL Zucker · 2 säuerliche Äpfel · 2 Birnen · Saft von 1 Zitrone · 500 g Joghurt · 120 g Honig · 250 g Erdbeeren

Am Vorabend 250 ml Wasser zum Kochen bringen und damit zwei Drittel der Haferflocken übergießen. Die Haferflocken abkühlen lassen und kalt stellen.

Haselnüsse und Mandeln in einer Pfanne bei niedriger Temperatur hellbraun rösten, dann abkühlen lassen.

Restliche Haferflocken mit Butter und Zucker in einer Pfanne so lange rösten, bis sie goldbraun und knusprig sind, dann abkühlen lassen.

Äpfel und Birnen waschen, vierteln, entkernen und zum Zitronensaft in eine Schüssel raspeln. Joghurt, Honig, Nüsse und eingeweichte Haferflocken dazugeben und alles mischen. Erdbeeren waschen, den Stielansatz entfernen und die Früchte vierteln.

Zum Servieren Müsli in Schalen füllen und Erdbeeren und Knusperhaferflocken darauf verteilen.

Selbst gemachtes Knuspermüsli

Ergibt ca. 1,5 kg (12 Portionen)
Zubereitungszeit: 50–60 Minuten

–

*75 g Butter · 400 g zarte Haferflocken · 300 g
Zucker · 1 Päckchen Vanillezucker · 80 g Sonnen-
blumenkerne · 40 g Sesamsaat (geschält) ·
50 g Kürbiskerne · 50 g Pekannüsse, ersatzweise
Walnüsse · 50 g Haselnüsse · 50 g Kokoschips ·
300 g getrocknete Sauerkirschen · 50 g Datteln ·
100 g getrocknete Aprikosen · nach Belieben evtl.
weitere Nüsse oder Trockenfrüchte*

Außerdem: *Backpapier*

Butter in einer Pfanne bei mittlerer Temperatur
schmelzen. Haferflocken und 200 g Zucker mischen und in der Butter unter häufigem Rühren
so lange rösten, bis sich die Mischung goldbraun
färbt. Die Mischung auf einem Stück Backpapier
ausbreiten und abkühlen lassen.

Den restlichen Zucker mit dem Vanillezucker
in einer Pfanne schmelzen lassen. Sonnenblumen-
kerne, Sesamsaat und Kürbiskerne zufügen und
unter Rühren hellbraun karamellisieren lassen.
Die Mischung ebenfalls auf einem Stück Backpapier ausbreiten und abkühlen lassen.

Pekan- und Haselnüsse auf einem Backblech
ausbreiten und in dem auf 180 °C vorgeheizten
Backofen 5–10 Minuten goldgelb rösten, dann die
Kokoschips dazugeben, weitere 2 Minuten rösten
und aus dem Ofen nehmen. Nussmischung abkühlen lassen und grob hacken.

Sauerkirschen nach Belieben halbieren, Datteln
und Aprikosen in feine Würfel schneiden.

Alle Zutaten miteinander mischen und in
einem Schraubverschlussglas aufbewahren. Das
Müsli hält sich etwa 4 Wochen.

Nüsse

–

»Nimm 2 – und Naschen ist gesund!« Der später verbotene Werbeslogan für vitaminangereicherte Bonbons zeigt ein Dilemma des modernen Menschen: Wir möchten uns gesund ernähren, naschen aber auch gerne. Ein Widerspruch? Das muss nicht sein, denn Nüsse bieten eine äußerst nahrhafte und gesunde Alternative.

Botanisch gesehen handelt es sich bei Walnüssen, Kokosnüssen und Mandeln um Steinfrüchte wie z. B. Kirschen und Pflaumen. Dafür gehören die kleinen »Kernchen« auf der Erdbeere botanisch zu den Nüssen. Die Erdnuss wiederum ist keine Nuss, sondern eine Hülsenfrucht wie die Erbse und die Bohne. Das erklärt auch ihren hohen Eiweißgehalt. Erdnüsse verdanken ihren Namen der Tatsache, dass sie nicht auf Bäumen, sondern unter der Erde wachsen. Roh schmecken sie ziemlich unattraktiv, etwa wie rohe Bohnen. Deswegen werden Erdnüsse nach der Ernte in der Schale geröstet. Das macht sie haltbarer und sorgt für den typisch nussigen Geschmack. Umgangssprachlich bezeichnen wir sie alle als Nüsse und auch im Nährwert passen sie gut zueinander.

Nüsse sind wahre Nährstoffbomben und dazu auch gut haltbar. Sie liefern moderate Mengen an Kohlenhydraten, sind dafür jedoch reich an Eiweiß und hochwertigem Fett. Eiweiß ist ein wichtiger Baustoff für Muskeln und Organe, und es sättigt sehr gut. Die Fette der Nüsse bestehen zu einem großen Teil aus Ölsäure. Es handelt sich hierbei um die gleiche Ölsäure, die auch im Olivenöl steckt und die die Blutfette günstig beeinflusst. Auch die beiden lebenswichtigen Fettsäuren Linol- und Linolensäure sind in Nüssen vorhanden. Dazu kommen Fettbegleitstoffe wie das Lezithin, die den Fettstoffwechsel im Körper reibungslos ablaufen lassen. Auch verdauungsfördernde Ballaststoffe stecken in Nüssen, sie haben zudem den Vorteil, weniger zu blähen als Ballaststoffe aus Getreide oder Kohlgemüse. An Mineralstoffen liefern Nüsse reichlich Kalium, Magnesium und auch Kalzium. Dazu kommen Vitamine der B-Gruppe und vor allem Vitamin E, das die wertvollen Fette der Nüsse schützt. Überhaupt ist Nüsse-Essen die gesündeste Form, pflanzliche Fette zu sich zu nehmen. So ergaben viele wissenschaftliche Studien, dass ein mäßiger, aber regelmäßiger Nusskonsum das Herzinfarktrisiko senkt.

Damit die Nüsse auch so gesund bleiben, müssen sie trocken und luftig gelagert werden, denn sie schimmeln leicht. Besonders betroffen sind Erdnüsse, Mandeln, Paranüsse und Pistazien. Riechen sie irgendwie muffig oder sieht man gar Schimmelfäden, müssen die Nüsse unbedingt weggeworfen werden. Denn Schimmelgifte sind sehr schädlich für die Leber und lassen sich durch Erhitzen oder Backen nicht zerstören.

Nimm eine Handvoll

Keine Frage, Nüsse sind aufgrund ihres hohen Nähr- und Genusswertes weitaus gesünder als Bonbons oder andere zuckerreiche Leckereien, die nur »leere« Kalorien liefern. Doch sie sind mit rund 600 bis 700 Kilokalorien pro 100 Gramm auch sehr kalorienreich. Daher sollten sie nicht in Unmengen und nebenbei vernascht werden. Doch das muss auch nicht sein. Eine gute Faustzahl ist eine Handvoll. Die kann man genüsslich kauen oder ein leckeres Dessert daraus zubereiten, wie beispielsweise unser Mandel-Dattel-Kuchen.

Rotes Johannisbeergelee

Ergibt ca. 1,2 l
Zubereitungszeit: ca. 25 Minuten
–

1 kg Rote Johannisbeeren · 100 ml Wasser · 400 g Zucker · 1 Päckchen Gelfix extra 2:1

Außerdem: *Einmachgläser mit Schraubverschluss*

Einmachgläser und Deckel mit kochendem Wasser übergießen und erst kurz vor dem Einfüllen des Gelees das Wasser wieder ausleeren.

Johannisbeeren waschen und mit 100 ml Wasser in einem Topf zum Kochen bringen. Johannisbeeren vom Herd ziehen, mit einem Pürierstab mixen und durch ein nicht zu feines Sieb streichen. Sie sollten ca. 800 ml Johannisbeerpüree ergeben.

Zucker und Gelfix vermischen und unter das Johannisbeerpüree rühren, alles zum Kochen bringen. Das Gelee unter Rühren 4–5 Minuten sprudelnd kochen. Zur Kontrolle, ob das Gelee die gewünschte Konsistenz hat, 1 EL Gelee auf einen Teller geben und kurz in den Kühlschrank stellen. Daran kann man schnell erkennen, ob das Gelee fest wird. Sollte das Gelee zu flüssig sein, weitere 2–4 Minuten kochen lassen.

Das fertige Gelee sofort randvoll in die vorbereiteten Gläser füllen, diese fest verschließen und auf den Kopf stellen. Nach etwa 15 Minuten wieder umdrehen und das Gelee abkühlen lassen.

Krabbenbrötchen

Ergibt 4 Portionen
Zubereitungszeit: ca. 25 Minuten

–

*150 g Staudensellerie · 200 g Fruchtfleisch von
1 reifen Papaya (ohne Schale und Kerne) · Saft von
½ Limette · 200 g Nordseekrabbenfleisch · Salz,
Pfeffer aus der Mühle · evtl. 1 Prise Zucker · Blättchen von 4 Zweigen Dill · 4 Vollkornbrötchen ·
weiche Butter zum Bestreichen · 4 Blatt Römersalat (gewaschen)*

Staudensellerie waschen, trocken tupfen und in
etwa 2–3 mm feine Würfel schneiden. Papaya in
etwa 5 mm feine Würfel schneiden. Staudensellerie, Limettensaft, Papaya und Krabbenfleisch in
einer Schüssel vermengen, mit Salz und frisch gemahlenem Pfeffer abschmecken, evtl. noch etwas
Limettensaft und 1 Prise Zucker zufügen. Dillblättchen hacken und unterziehen.

Vollkornbrötchen aufschneiden und buttern,
jeweils 1 Blatt Römersalat daraufsetzen und mit
dem Krabbensalat belegen.

Weißmehl- oder Vollkornbrot?

Vollkornbrot, dunkler Reis, braune Nudeln und Körnermüsli stehen hoch im Kurs – zumindest bei Ernährungsberatern. Doch viele Verbraucher sind da zurückhaltender, bevorzugen helle Nudeln, weißen Reis und Mischbrot. Ist das ungesund? Verzichten sie nicht auf all die vielen Nähr- und Wirkstoffe, die im vollen Korn enthalten sind? Das stimmt schon, doch wer helle Getreideprodukte bevorzugt, verzichtet auch auf einen Teil pflanzlicher Problemstoffe, die in Getreidekörnern stecken. Doch was haben die dort zu suchen?

Sie sind kein Ergebnis von manipulierten Genen oder von Überdüngung, sondern ganz natürliche Inhaltsstoffe. Pflanzen bilden sie, weil sie nicht gefressen werden wollen. Da Getreidehalme – ebenso wie Walnussbäume, Kartoffelpflanzen oder Salatköpfe – nicht weglaufen können, müssen sie sich mit »chemischen Waffen« gegen Fraßfeinde wie Menschen, Mäuse oder Motten wehren. Und weil für eine Getreidepflanze ihre Samen besonders wertvoll sind, befinden sich die meisten Abwehrstoffe genau dort, wo Ernährungswissenschaftler den größten Nährwert vermuten: in den Randschichten der Getreidekörner.

Manche dieser Abwehrstoffe wirken, indem sie die menschlichen Verdauungsenzyme an der Arbeit hindern. Infolgedessen können wir all die schönen Nährstoffe aus dem vollen Korn gar nicht vollständig ausnutzen – und haben stattdessen dieses gewisse Grummeln im Bauch. Unser Verdauungstrakt kann die pflanzlichen Abwehrstoffe nicht einfach so entgiften. Deswegen haben unsere Vorfahren vor etwa 10.000 Jahren (seither essen wir erst Getreide) Verarbeitungsmethoden entwickeln müssen, um Getreidekörner bekömmlich und ihre Inhaltsstoffe für den Körper verwertbar zu machen.

Deswegen wird Gerste nicht roh gegessen, sondern seit Jahrtausenden zu Bier gebraut. Aus Roggen wird seit vielen Generationen mithilfe einer langwierigen Sauerteigführung ein bekömmliches Vollkornbrot gebacken. Bei Reis und beim Weizen entfernt man (fast) überall auf der Welt die abwehrstoffreichen Randschichten und stellt helles Mehl, helle Pasta und weißen Reis daraus her. Diese Verarbeitungsverfahren haben also einen Sinn – sie dienen keineswegs der Beschädigung des Nähr- oder Vollwertes.

Werden Verarbeitungsverfahren gravierend geändert oder weggelassen, so kann das Probleme verursachen. Vor allem Vollkornprodukte aus Weizen sind erfahrungsgemäß schwer bekömmlich. Das Gleiche gilt für solche Roggenvollkornbrote, die mithilfe moderner Schnellverfahren gebacken werden. Die kurzen Gehzeiten dieser Teige reichen nicht aus, um genügend Abwehrstoffe abzubauen. Die fertigen »Tütenbrote« schmecken zwar zunächst wie echte Sauerteigbrote, sie sind jedoch für viele Menschen schwer bekömmlich und verursachen nicht selten heftige Blähbäuche.

Bei der gesundheitlichen Beurteilung von Getreideprodukten kommt es also nicht so sehr darauf an, ob auf dem Etikett »Vollkorn« steht oder nicht. Entscheidend ist eine angemessene Verarbeitung und die individuelle Verträglichkeit. Gerade in Sachen Vollkorn gilt: Was der eine verträgt, kann dem nächsten schwer im Magen liegen. Wer Produkte aus dem vollen Korn nicht verträgt, sollte daher auf hellere Varianten ausweichen.

Knusprige Lachs-Meerrettich-Schnittchen

Ergibt 4 Portionen
Zubereitungszeit: ca. 25 Minuten

–

Für die Meerrettichcreme: 1 Stück frischer Meer-rettich à ca. 80 g · 1 EL frischer Zitronensaft · 125 g Crème fraîche · Salz, Pfeffer · 1 Prise Zucker

8 Scheiben Finn Crisp (dünnes Vollkorn-Knäcke-brot) · 8–12 dünne Scheiben geräucherter Lachs · 50 g Forellen- oder Saiblingskaviar · 2 EL Schnitt-lauchröllchen

Für die Meerrettichcreme Meerrettich mit einem Sparschäler schälen und mit einer feinen Reibe reiben. Den geriebenen Meerrettich sofort mit Zitronensaft mischen. Crème fraîche mit etwas Salz, Pfeffer und Zucker würzen, in einer Schüssel mit einem Schneebesen steif schlagen und den geriebenen Meerrettich unterheben.

Finn-Crisp-Scheiben halbieren und dünn mit der Meerrettichcreme bestreichen.

Lachsscheiben in Streifen schneiden, die den Finn-Crisp-Scheiben entsprechen. Die Brote mit Lachs belegen, Forellenkaviar und Schnittlauch darüberstreuen und möglichst bald servieren.

Vollkornbrot mit Hüttenkäse, frischen Kräutern und Parmaschinken

Ergibt 4 Scheiben
Zubereitungszeit: ca. 10 Minuten

–

4 Scheiben Vollkornbrot · 8 gehäufte EL Hütten-käse · Salz, Pfeffer · 2 EL Olivenöl · 2 EL gemisch-te frische Kräuter, z. B. Schnittlauchröllchen, gezupfte Kerbelblättchen und Dillspitzen, fein gehackter Liebstöckel und glatte Petersilie, Garten-kresse · 4 Scheiben Parmaschinken

Vollkornbrote nebeneinanderlegen und mit jeweils 2 EL Hüttenkäse gleichmäßig bestreichen. Salz und Pfeffer darüberstreuen, mit jeweils ½ EL Olivenöl beträufeln und die Kräuter darüberstreuen. Darauf jeweils eine Scheibe Parmaschinken anrichten und die Brote sofort servieren.

Spiegelei mit Chorizo, Paprika und Gurke

Ergibt 4 Portionen
Zubereitungszeit: ca. 25 Minuten

—

*130 g Chorizowurst (spanische Paprikawurst) ·
3–4 EL Olivenöl · 2 rote Paprika · 2 Knoblauchzehen · Salz, Pfeffer · 4 frische Eier · 150 g Bio-
Gurke · 3 Stiele glatte Petersilie · ½ TL Piment
d'Espelette, ersatzweise ¼ TL Cayennepfeffer ·
4 Scheiben geröstetes Vollkornbrot*

Haut der Chorizowurst abziehen und die Wurst in
ca. 1 cm große Würfel schneiden. 2 EL Olivenöl in
einer breiten Pfanne erhitzen und die Wurst bei
niedriger bis mittlerer Temperatur anbraten. Währenddessen Paprika waschen, trocken tupfen und
halbieren. Stiele, Kerne und weiße Innenwände
entfernen. Das Fruchtfleisch in 1–2 cm breite Streifen schneiden und zu der Chorizo geben. Knoblauch schälen, in dünne Scheibchen schneiden
und ebenfalls zufügen. Temperatur leicht erhöhen
und alles braten, bis die Paprika eine leichte Braun-
färbung erhält. Das Gemüse mit Salz und Pfeffer
würzen und aus der Pfanne nehmen.

Das restliche Olivenöl in die Pfanne geben. Die
Eier aufschlagen und einzeln in die Pfanne gleiten
lassen. Die Eier knusprig braten, mit Salz und Pfeffer würzen.

Währenddessen Gurke und Petersilie waschen,
trocken tupfen bzw. trocken schleudern. Gurke in
1–2 cm breite Würfel schneiden, Petersilie hacken.

Chorizo, das gesamte Gemüse und die Petersilie zu den Eiern in die Pfanne geben, alles bei
mittlerer Temperatur erwärmen und mit Piment
d'Espelette würzen.

Spiegeleier, Chorizo-Gemüse und jeweils eine
Scheibe frisch geröstetes Vollkornbrot auf vier Teller verteilen. Sofort servieren.

Ei im Glas mit Vollkorncroûtons, Nordseekrabben und Gartenkresse

Ergibt 4 Portionen
Zubereitungszeit: ca. 15 Minuten
–

4 Eier (Größe M) · 2 Scheiben Roggen-Vollkorn-brot · 1 ½ EL Butter · 4 Spritzer Worcestershire-sauce · 4–8 EL Nordseekrabbenfleisch · 2 EL Gartenkresse

Eier anstechen und vorsichtig in kochendes Wasser geben. Die Eier nach Belieben 4–6 Minuten kochen.

Währenddessen Vollkornbrot in ca. 1,5 cm breite und 3 cm lange Streifen schneiden. In einer Pfanne Butter erhitzen und die Streifen darin bei mittlerer Temperatur knusprig braten und warm halten.

Die gekochten Eier kurz kalt abschrecken und vorsichtig pellen.

Croûtons in vier Gläser verteilen, jeweils ein Ei vorsichtig daraufsetzen und leicht mit Salz, Pfeffer und einem Spritzer Worcestershiresauce würzen.

1–2 EL Nordseekrabbenfleisch darauf verteilen, ebenfalls leicht mit Salz und Pfeffer würzen und mit Gartenkresse bestreuen.

Omelett mit Tomaten, Ziegenfrischkäse und Basilikum

Ergibt 1 Omelett (für 1–2 Personen)
Zubereitungszeit: ca. 15 Minuten

–

6 kleine Strauchtomaten (gelb, rot oder orange) · 30–40 g Ziegenfrischkäse (z. B. Picandou) · 1 Frühlingszwiebel · 3 Basilikumblättchen · 2–3 Eier · 30 ml Milch oder Sahne · Salz, Pfeffer aus der Mühle · 15 g Butter · 1 EL Olivenöl

Tomaten waschen und halbieren. Ziegenkäse in grobe Stücke brechen. Frühlingszwiebel putzen, waschen und in etwa 3 cm breite Stücke schneiden. Basilikum waschen, trocken schleudern und in Streifen schneiden.

Eier und Milch oder Sahne in einer Schüssel mit einer Gabel verquirlen und mit Salz und Pfeffer würzen.

Butter in einer beschichteten Pfanne oder einer gut eingearbeiteten Gusspfanne schmelzen. Eimasse zufügen und bei geringer Hitze stocken lassen. Während des Stockens die Pfanne leicht vor und zurück bewegen. Basilikum auf die Oberfläche streuen.

Währenddessen Olivenöl in einer kleinen Pfanne erhitzen. Frühlingszwiebel darin etwa 1 Minute bei mittlerer Temperatur anschwitzen. Tomaten zufügen, das Ganze mit Salz und Pfeffer würzen und vom Herd ziehen.

Das Omelett ist fertig, sobald es sich vom Pfannenboden löst und die Oberfläche weich und cremig ist. Der Boden des Omeletts soll keine starke Bräunung aufweisen. Das Omelett auf einen Teller gleiten lassen, Tomaten daraufgeben, Ziegenkäse darüberstreuen und mit frisch gemahlenem Pfeffer würzen.

Eier

Lange verpönt und wegen seines Cholesteringehaltes gemieden, feiert das Ei gerade ein Comeback. Denn die Befürchtung, das Cholesterin aus dem Ei würde schnurstracks in unsere Blutgefäße wandern und sie verstopfen, hat sich als falsch und zudem als reichlich naiv erwiesen. Cholesterin ist ein lebensnotwendiger Stoff, der unsere Körperzellen und unser Gehirn funktionsfähig hält. Ohne Cholesterin wären wir nicht lebensfähig. Weil der Stoff so wichtig ist, verlässt sich unser Körper nicht darauf, dass wir genug davon essen: Ein gutes Gramm Cholesterin stellt er selber her, jeden Tag. Daneben nimmt sich das Viertel Gramm Cholesterin in einem Hühnerei bescheiden aus. Zumal das Lezithin aus dem Eidotter dafür sorgt, dass wir nur etwa die Hälfte des Ei-Cholesterins verwerten können.

Schwimmt zu viel Cholesterin durch unser Blut, so ist dies ein Risikofaktor für Arterienverkalkung und Herzinfarkt. Ein Risikofaktor ist jedoch keine Ursache! Es ist so ähnlich wie mit der Tankleuchte im Auto: Leuchtet das Lämpchen auf, so ist dies ein Signal, ein Risikofaktor, bald wegen Benzinmangels liegen zu bleiben. Doch dafür kann das Lämpchen nichts. Es würde wenig bringen, es zur Risikobegrenzung auszubauen.

Zu viel Cholesterin im Blut entsteht durch Überernährung, Übergewicht, Diabetes, Stress, Bewegungsmangel und aufgrund erblicher Veranlagung. Es zeigt an, dass im Körper etwas nicht stimmt. Zu viel Cholesterin im Blut kommt nicht vom Eieressen. Und durch Eiverzicht lässt sich auch kein Herzinfarkt verhindern.

Für Gesunde spielt der Cholesteringehalt des Essens praktisch keine Rolle. Bei zwei von drei Menschen ändert sich der Cholesterinspiegel kein bisschen, wenn sie mehr oder weniger Eier essen. Bei Menschen mit bestimmten Fettstoffwechselstörungen mag das etwas anders aussehen. Aber auch hier gilt: Nur bei jedem Dritten reagiert der Cholesterinspiegel im Blut überhaupt auf eine erhöhte oder erniedrigte Cholesterin-Zufuhr über die Nahrung. Nur bei diesem Drittel stiege der Blutcholesterinwert, würden sie täglich ein oder zwei zusätzliche Eier essen. Doch ist das gefährlich? Neuere Studien sprechen dagegen. Denn wenn der Cholesterinwert durch mehr Eier tatsächlich steigt, so betrifft dies auch das »gute« HDL-Cholesterin, das vor Herzinfarkt schützt.

Über der ganzen Diskussion um das Cholesterin darf zudem nicht vergessen werden, dass Eier kleine Nährstoffbomben sind: Ein Ei liefert nur rund 100 Kilokalorien. Dafür bekommt man 8 Gramm Eiweiß der höchsten Qualität, dazu nennenswerte Mengen an Vitamin B12, Vitamin D, Vitamin E, Folsäure, Eisen und Zink. Die rund 7 Gramm Fett, die in einem Ei stecken, sind ebenfalls von sehr guter Qualität. So liefern Eier Omega-6- und Omega-3-Fettsäuren, noch dazu in einem günstigen Verhältnis. Besonders viele gesunde Fette stecken in den Eiern, wenn die Hühner im Freien Gräser, Kräuter und auch mal einen Wurm picken durften. Aus welcher Haltungsform die Eier stammen, verrät der Stempel: 0 steht für Bio-Eier, 1 für Eier aus Freilandhaltung, 2 für Bodenhaltung und 3 für die Käfighaltung.

Eier sind aber auch preiswert, leicht bekömmlich und lassen sich rasch und unendlich vielfältig zubereiten. Übrigens scheinen Eier zum Frühstück insbesondere für Menschen mit Gewichtsproblemen günstig zu sein. So ergab eine Studie mit übergewichtigen Frauen, dass ein Eier-Frühstück besser sättigt als ein Frühstück mit einem Bagel. Trotz gleicher Kalorienzahl aßen die Damen im Lauf des Tages weniger, wenn sie zum Frühstück Eier gegessen hatten.

Fruchtiger Brunnenkresse-Salat mit Vanille-Vinaigrette

Ergibt 4 Portionen
Zubereitungszeit: ca. 20 Minuten

–

Für die Vinaigrette: Mark von ½ Vanilleschote ·
4 EL sehr gutes Olivenöl · 2 EL Apfelbalsamico,
ersatzweise Apfel- oder Weißweinessig · Salz,
Pfeffer · 1 Prise Zucker

100 g Brunnenkresse · 3 reife Kakifrüchte, ersatz-
weise Sharon · 3 reife Feigen

Für die Vinaigrette das Vanillemark mit 2 EL Olivenöl bei niedriger Temperatur leicht erhitzen und
mind. 5 Minuten ziehen lassen.

Brunnenkresse verlesen, waschen und trocken
schleudern. Spitzen und Blättchen von den festen
Mittelstielen abzupfen. Kakifrüchte vierteln, den
festen Strunk und die dünne Haut mit einem kleinen Messer entfernen. Die Viertel nochmals halbieren.

Feigen vorsichtig waschen, trocken tupfen, den
harten Stiel entfernen und die Früchte vierteln.

Apfelbalsamico mit Salz, Pfeffer und Zucker
verrühren, Vanilleöl und restliches Olivenöl einrühren und die Vinaigrette abschmecken.

Feigen, Kakifrüchte und Brunnenkresse auf vier
Teller verteilen und mit der Vanille-Vinaigrette beträufeln.

Büffelmozzarella mit Weinbergpfirsich, Rucola und Himbeer-Vinaigrette

Ergibt 4 Portionen
Zubereitungszeit: ca. 25 Minuten

–

*Für die Himbeer-Vinaigrette: 100 g frische Him-
beeren (ersatzweise aufgetaute TK-Himbeeren) ·
2–3 EL weißer Balsamico-Essig · 1 TL Zucker ·
Salz, schwarzer Pfeffer aus der Mühle · 2 EL
Traubenkernöl · 4 EL sehr gutes Olivenöl · 2 EL
Pinienkerne*

*1 Bund Rucola · 2 Büffelmozzarella · 3–4 reife
Weinbergpfirsiche, ersatzweise weiße Pfirsiche ·
Küchenpapier*

Außerdem: ofenfrisches Baguettebrot

Für die Vinaigrette Himbeeren in einer kleinen
Schüssel mit einer Gabel zerdrücken und mit weißem Balsamico, Zucker, Salz und Pfeffer verrühren. Langsam die beiden Öle einrühren und die
Vinaigrette abschmecken.

Pinienkerne in einer Pfanne ohne Fett goldbraun
rösten. Anschließend abkühlen lassen.

Rucola verlesen, waschen und trocken schleudern. Büffelmozzarella abtropfen lassen, halbieren
und mit Küchenpapier leicht abtupfen.

Weinbergpfirsiche waschen, trocken tupfen,
halbieren, Kerne entfernen und in mundgerechte
Spalten schneiden.

Rucola und Weinbergpfirsiche auf vier Teller
verteilen und mit der Himbeer-Vinaigrette beträufeln. Jeweils einen halben Büffelmozzarella in die
Mitte setzen, mit Pinienkernen bestreuen und mit
Baguettebrot servieren.

Herzhafte Waffeln mit Käse, Möhren und Kräutern

Ergibt 12 Stück (für 4–6 Personen)
Zubereitungszeit: ca. 30 Minuten
Backzeit: 30–35 Minuten

—

Für die Waffeln: 200 g Karotten · 125 g weiche Butter · 1 gehäufter TL Salz · 6 Eier, zimmerwarm · 120 g Mehl · 2 gestrichene TL Backpulver · 370 ml Milch, zimmerwarm · 200 g geriebener Bergkäse · je 2 EL fein geschnittener Schnittlauch und glatte Petersilie · schwarzer Pfeffer · Butter oder Öl für das Waffeleisen

Für den Quark-Dip: 1 EL Kümmel · 2 Frühlingszwiebeln · 500 g Quark (Fettstufe nach Belieben) · frische, gehackte Kräuter (z. B. Schnittlauch, Petersilie, Kerbel) · Salz, Pfeffer

Karotten mit einem Sparschäler schälen, waschen, fein reiben und gut mit den Händen ausrücken. Butter und Salz mit den Quirlen des Handrührgerätes ca. 5 Minuten sehr schaumig schlagen. Eier trennen, Eigelbe nach und nach gut unterrühren. Mehl und Backpulver mischen, abwechselnd mit der Milch zur Butter geben, bis beides komplett zugefügt und gut eingearbeitet ist, dabei mit dem Mehl beginnen. Karotten, geriebenen Bergkäse und Kräuter unterrühren, mit Salz und Pfeffer abschmecken. Die Eiweiße sehr steif schlagen und unter den Teig heben.

Ein Waffeleisen erhitzen, fetten und eine kleine Kelle Waffelteig hineinfüllen, die Waffel knusprig backen. Warm stellen. Mit dem restlichen Teig ebenso verfahren.

Für den Dip Kümmel grob hacken. Frühlingszwiebeln putzen, waschen, trocken tupfen und in möglichst feine Ringe schneiden. Quark, Frühlingszwiebeln, Kümmel und gehackte Kräuter mischen, mit Salz und Pfeffer abschmecken.

Haselnussmuffins mit Pflaumenmus

Ergibt 18 Stück
Zubereitungszeit: ca. 30 Minuten
Backzeit: ca. 25 Minuten
—

120 g Haselnüsse · 100 g Mehl · 150 g Vollkornweizenmehl · 1 Päckchen Backpulver · 2 Eier · 150 g Zucker · ¼ TL Zimt · 8 EL neutrales Pflanzenöl, z. B. Rapsöl · 300 g Joghurt · 160 g Powidl (Pflaumenmus)

***Außerdem:** je 1 Muffinblech mit 12 und 6 Mulden · 18 Muffin-Papierbackförmchen*

Haselnüsse grob hacken. Mehle, Backpulver und 100 g gehackte Haselnüsse mischen.

Eier, Zucker, Zimt, Pflanzenöl und Joghurt verrühren. Mehlmischung zugeben und mit einem Schneebesen unterrühren. Teig 15 Minuten ruhen lassen.

Papierbackförmchen in die Muffinbleche setzen. Jeweils 1 EL Teig in die Förmchen füllen und 1 TL Pflaumenmus in die Mitte geben. Restlichen Teig einfüllen und mit den übrigen Haselnüssen bestreuen. Im vorgeheizten Backofen bei 175 °C ca. 25 Minuten goldbraun backen.

Die Muffins auf einem Gitter abkühlen lassen.

Kaltes Gurken-Apfel-Süppchen

Ergibt ca. 800 ml (4 Portionen als Vorspeise)
Zubereitungszeit: ca. 40 Minuten

–

1,4 kg Bio-Gurken · ½ TL Salz · ½ Bund Dill oder Minze · 100 ml Apfelsaft · Pfeffer · 1 Apfel · 4 EL Olivenöl

Gurken waschen, in grobe Würfel schneiden, in einer Schüssel mit ½ TL Salz würzen und 10 Minuten ziehen lassen. Dill oder Minze waschen und trocken schleudern, einen Zweig für die Garnitur beiseite stellen.

Gurkenwürfel mit der ausgetretenen Flüssigkeit, dem Apfelsaft und dem restlichen Dill in einem Mixer sehr fein pürieren. Die Masse durch ein feines Sieb passieren. Die Reste im Sieb sehr gut ausdrücken, in eine Schüssel geben, mit Pfeffer würzen und kühl stellen.

Das Süppchen mit Salz und Pfeffer abschmecken und bis zum Servieren ebenfalls in den Kühlschrank stellen.

Kurz vor dem Servieren Apfel waschen, vierteln und Kerngehäuse entfernen. 2 Viertel in sehr feine Würfel, 2 Viertel in dünne Streifen schneiden.

Apfelwürfel in vier tiefe Teller verteilen, Süppchen angießen und jeweils in die Mitte eine Nocke der ausgedrückten Gurkenmasse setzen. Die Apfelstreifen auf die Nocke geben, das Süppchen mit Olivenöl beträufeln und mit Dillblättchen garnieren.

Weiße-Bohnensuppe mit Knoblauchcrostini

Ergibt 1–1,2 l (4 Portionen)
Zubereitungszeit: ca. 45 Minuten
Einweichzeit: ca. 12 Stunden (über Nacht)
Kochzeit: ca. 70 Minuten
–

Für die Suppe: 200 g Cannellini-Bohnen (kleine weiße Bohnen aus Italien) · 1 Chilischote · 1 Stange Staudensellerie · 1 Schalotte · 2 Knoblauchzehen · 5 EL Olivenöl · 700–900 ml Hühnerbrühe oder Gemüsebrühe · Salz, Pfeffer · 100 ml Sahne · 1 Spritzer Zitronensaft

Für den gebackenen Knoblauch: 2 frische Knoblauchknollen · 4 EL Olivenöl · Meersalz · Backpapier

Für das Paprikaöl: 4 EL Olivenöl · 1 TL Paprikapulver

Außerdem: 4 Zweige Thymian · 12 dünne Scheiben Baguette · 6 EL Olivenöl

Die Cannellini-Bohnen über Nacht in reichlich kaltem Wasser einweichen. Am nächsten Tag unter fließend kaltem Wasser abbrausen und in einen Topf geben. Chilischote und Staudensellerie waschen, mit reichlich Wasser – ohne Salz – zu den Bohnen geben und alles zum Kochen bringen. Temperatur verringern und die Bohnen leise köchelnd in etwa 1 Stunde vollständig weich kochen, dabei evtl. etwas Wasser nachgießen.

Währenddessen für den gebackenen Knoblauch die Knollen quer halbieren und mit der Schnittfläche nach oben auf ein mit Backpapier ausgelegtes Backblech legen. Jede Hälfte mit 1 EL Olivenöl beträufeln und mit Meersalz würzen. Das Blech für ca. 30 Minuten auf der mittleren Schiene in den auf 200 °C vorgeheizten Backofen (180 °C Umluft) schieben. Die Knoblauchknollen sind fertig, wenn die Zehen gebräunt und weich sind.

Die fertig gekochten Bohnen abgießen, Chilischote und Staudensellerie entfernen.

Schalotte und Knoblauchzehen schälen und fein würfeln. 2 EL Olivenöl in einem Topf erhitzen. Schalotte und Knoblauch darin farblos anschwitzen. Bohnen und Hühnerbrühe zufügen, das Ganze mit Salz und Pfeffer würzen und 15 Minuten leise köcheln lassen. Restliches Olivenöl zufügen und die Bohnen mit einem Pürierstab pürieren, bis die Suppe möglichst glatt ist. Die Suppe nach Belieben durch ein feines Sieb passieren. Sahne zufügen, aufkochen und die Suppe mit Salz, Pfeffer und etwas Zitronensaft abschmecken.

Für das Paprikaöl Olivenöl und Paprikapulver in einem kleinen Topf leicht erhitzen, das Paprikapulver sollte auf keinen Fall zu heiß und dadurch braun und bitter werden. Den Topf vom Herd nehmen und das Öl bis zum Servieren ziehen lassen. Das Paprikapulver setzt sich am Boden ab, man benutzt nur das Öl.

Thymian waschen, trocken schütteln und die Blättchen von den Zweigen zupfen.

Die Baguettescheiben mit Olivenöl beträufeln und in einer Pfanne von beiden Seiten rösten. Die heiße Suppe in tiefe Teller oder Schalen verteilen, mit Paprikaöl beträufeln und mit Thymianblättchen bestreuen. Die gerösteten Knoblauchzehen auf die Crostini streichen und dazu servieren.

Bohneneintopf mit Zwetschgenkuchen

Ergibt 4 Portionen
Zubereitungszeit: ca. 65 Minuten
Gehzeit Kuchen: ca. 45 Minuten
Backzeit Kuchen: ca. 35 Minuten

–

Für den Zwetschgenkuchen: *20 g Hefe · 100 ml lauwarme Milch · 250 g Mehl · 40 g Zucker · 1 Ei · 5 g Salz · 35 g weiche Butter + 70 g flüssige Butter zum Bepinseln des Kuchens · 1,5 kg reife Zwetschgen, ersatzweise TK-Zwetschgen, aufgetaut und abgetropft · 6 EL geriebenes Weißbrot · 2 Msp. Zimt · Backpapier*

Für die Suppe: *400 g Kartoffeln · 400 g Schnippelbohnen · 200 g Wachsbohnen · 5 Zweige Bohnenkraut · 1 Zwiebel · 1 Knoblauchzehe · 1 EL Olivenöl · 50 g mild geräucherter durchwachsener Speck, in Streifen · 1,5 l Gemüsebrühe · Salz, Pfeffer*

Für den Zwetschgenkuchen die Hefe in der Milch auflösen. Mehl mit 20 g Zucker, Ei, Salz, weicher Butter und der aufgelösten Hefe mit den Knethaken des Handrührgerätes zu einem glatten, elastischen Teig kneten.

Den fertigen Teig in der Schüssel mit Mehl bestäuben und zugedeckt an einem warmen Ort gehen lassen, bis der Teig das Doppelte seines Volumens erreicht hat.

Zwetschgen waschen, halbieren und Kerne entfernen.

Backofen auf 220 °C vorheizen. Den Teig nochmals gut durchkneten, gleichmäßig rund ausrollen (32–35 cm Durchmesser) und auf ein mit Backpapier ausgelegtes Backblech setzen. Den Teig mit 2 EL Weißbrotbröseln bestreuen.

Zwetschgen ziegelartig auf den Teig setzen. Zimt und restlichen Zucker mischen, über den Früchten verteilen, dabei einen schmalen Rand frei lassen. Teig weitere 15 Minuten gehen lassen.

Den Teigrand mit flüssiger Butter bepinseln. Kuchen auf der untersten Schiene des vorgeheizten Backofens ca. 35 Minuten backen. 15 Minuten vor Ende der Backzeit die restlichen Brösel mit der restlichen flüssigen Butter vermischen und auf den Zwetschgen verteilen.

Während der Geh- und Backzeit für die Suppe Kartoffeln schälen, waschen und in ca. 2 cm große Stücke schneiden.

Schnippelbohnen und Wachsbohnen waschen und Stielansätze abschneiden. Schnippelbohnen in mundgerechte Stücke schneiden, Wachsbohnen halbieren. Bohnenkraut waschen, Blättchen von den Stielen zupfen.

Zwiebel und Knoblauch schälen, halbieren, in dünne Scheiben schneiden und im heißen Olivenöl farblos anschwitzen. Kartoffeln und Speck zufügen, mit Gemüsebrühe angießen und zum Kochen bringen. Bohnen zufügen, mit Salz und Pfeffer würzen und das Ganze etwa 15–20 Minuten leise köcheln lassen. Bohnenkraut zufügen und die heiße Suppe mit dem Pflaumenkuchen servieren.

Rohkost mit zweierlei Dips und Focaccia

Ergibt 4 Portionen
Zubereitungszeit: ca. 1 ½ Stunden

–

*Für die Focaccia: 500 g Mehl · 30 g Hefe · 1 TL
Salz · 12 EL Olivenöl · 4 frische Knoblauchzehen ·
8 Zweige Thymian · 4 Zweige Rosmarin*

*Für den Rucola-Dip: 50 g Rucola · 30 g Basilikum ·
80 g Parmesan · abgeriebene Schale und Saft von
½ Bio-Zitrone · 1 TL süßer Senf · 50 g gemahlene,
geröstete Haselnüsse · 130 ml sehr gutes Olivenöl ·
Salz, Pfeffer · 1 Prise Zucker*

*Für den Aprikosen-Oliven-Dip: 150 g getrocknete
Aprikosen · Saft von 2 Orangen (ca. 160 ml) ·
40 g frischer Koriander, ersatzweise 20 g Petersilie
und 20 g Zitronenmelisse · 3 EL schwarze Oliven
in Öl (ohne Stein) · 1 EL gehackter Kreuzkümmel ·
300 g Frischkäse, evtl. etwas Joghurt*

*Für das Gemüse: ca. 1,5 kg knackiges, topfrisches
und zartes Gemüse, z. B. junger Kohlrabi,
Radieschen, hellgrüne Stangen Staudensellerie
(aus dem Inneren der Stauden), zarter Fenchel,
Bio-Gurke, Karotten, Tomaten, kleine Zucchini*

Für die Focaccia Mehl in eine Schüssel sieben und
in die Mitte eine Mulde drücken. Hefe in 100 ml
lauwarmem Wasser auflösen und in die Mulde
geben. Die Schüssel mit einem sauberen Küchentuch bedecken und den Vorteig 10–15 Minuten an
einem warmen Platz in der Küche gehen lassen.

Anschließend 200 ml lauwarmes Wasser langsam unter ständigem Rühren mit den Knethaken
des elektrischen Handrührgerätes in den Vorteig
einarbeiten. Dann Salz und 5 EL Olivenöl unterkneten. Die Schüssel erneut mit einem sauberen
Küchentuch abdecken und den Teig an einem warmen Platz gehen lassen, bis sich sein Volumen in
etwa verdoppelt hat (ca. 40 Minuten).

Währenddessen Knoblauch schälen und in dünne Scheiben schneiden. Thymian und Rosmarin
waschen und trocken schleudern.

Für den Rucola-Dip Rucola und Basilikum
waschen, sehr gründlich trocken schleudern und
grob hacken. Parmesan grob reiben. Rucola, Basilikum, Parmesan, Zitronenschale und -saft, Senf,
Haselnüsse und Olivenöl in einem Mixer sehr fein
pürieren und den Dip mit Salz, Pfeffer und Zucker
abschmecken.

Für den Aprikosen-Oliven-Dip die getrockneten Aprikosen fein würfeln. Aprikosenwürfel und
Orangensaft in einem kleinen Topf zum Kochen
bringen. Topf vom Herd ziehen und abkühlen lassen. Koriander waschen, trocken schleudern und
hacken. Oliven fein hacken. Alle Zutaten in einer
Schüssel verrühren und mit Salz und Pfeffer abschmecken. Falls der Dip zu fest ist, evtl. noch etwas Orangensaft oder Joghurt unterrühren.

Den gegangenen Teig mit bemehlten Händen
zusammenschlagen und auf einer bemehlten Arbeitsfläche mit den Händen durchkneten, evtl.
die Hände mehrmals in Mehl tauchen, damit sich
der Teig leichter verarbeiten lässt. Ein Backblech
mit 2 EL Olivenöl fetten, mit Mehl dünn bestäuben und den Teig möglichst gleichmäßig auf dem
Blech verteilen.

Mit bemehlten Fingern Mulden in den Teig
drücken. Den Teig mit Knoblauch und Kräutern
bestreuen und mit dem restlichen Olivenöl beträufeln. Das Backblech in den auf 220 °C (Ober-/
Unterhitze) vorgeheizten Backofen schieben und
30 Minuten goldgelb backen.

Währenddessen das Gemüse putzen, waschen
und trocken tupfen. Das Gemüse je nach Sorte
und Belieben ganz lassen oder in Scheiben, Spalten, Streifen oder Hälften schneiden.

Das Gemüse auf Tellern oder einer großen Platte anrichten und mit den beiden Dips und der
frisch gebackenen Focaccia servieren.

Rohkost

–

»Lasst unsere Nahrung so natürlich wie möglich«, so lautet eine gängige Ernährungsregel. Das klingt plausibel, verspricht doch das rohe Obst und Gemüse noch alle wertgebenden Inhaltsstoffe zu enthalten. Kein Vitamin wird zerkocht, kein Mineralstoff ausgelaugt. Keine Frage, Rohkost ist gesund. Allerdings müssen es keine Unmengen sein: Auf die Frage, wie viel Obst und Gemüse man denn essen soll, wird von der Ernährungswissenschaft meist »5 am Tag« geantwortet. 5 am Tag bedeutet, drei Handvoll Gemüse und zwei Handvoll Obst täglich zu verzehren, ein Teil davon auch in roher Form. So wird die Vitamin- und Mineralstoffversorgung vervollständigt, die Ballaststoffzufuhr optimiert und der Körper zudem mit gesundheitsförderlichen sekundären Pflanzenstoffen versorgt.

Während die meisten Menschen etwas erschrocken sind, wenn sie von diesen Empfehlungen hören, weil ihr Obst- und Gemüsekonsum irgendwo darunterliegt, gibt es auch Zeitgenossen, die deutlich mehr Pflanzliches verzehren, vielfach auch in roher Form: jede Menge knackiger Salate, Gemüse, Kräuter, Säfte und Früchte. Es gibt sogar Menschen, die ausschließlich von Rohem leben. Wer aber glaubt, weil rohes Gemüse und Obst noch besonders viele Vitamine und andere Wirkstoffe enthalten, seien sie umso gesünder, je mehr man davon verspeist, der irrt. Denn auch mit roher Pflanzenkost kann man es übertreiben und sein Verdauungssystem auf eine harte Probe stellen.

So ergab eine Studie der Uni Gießen, dass bei einer (fast) ausschließlichen Rohkosternährung zu wenig Kalorien aufgenommen werden. 30 Prozent der in Gießen untersuchten Rohköstler waren sehr mager. Außerdem zeigte rund ein Drittel der Frauen Zeichen einer Mangelernährung. Auch immer mehr Zahnärzte schlagen Alarm. Denn die Säuren in rohem Obst und Gemüse können bei übermäßigem (!) Genuss die Zähne angreifen. Es kommt zu so genannten Erosionen, die bei Menschen mit extrem hohem Obst- und Gemüsekonsum ebenso auftreten wie bei jenen, die zu viel säurehaltige Säfte, Limonaden, Colagetränke, Eistees oder Sportlerdrinks zu sich nehmen.

Um Missverständnissen vorzubeugen: Es geht keinesfalls darum, rohes Gemüse oder Salate vom Speiseplan zu verbannen. Der Nutzen eines Blattsalats, eines bunten Rrohkosttellers oder eines Glases Saft steht außer Frage. Es soll lediglich vor Übertreibungen gewarnt werden. Es ist eben nicht immer angebracht, möglichst vieles roh zu essen, nur weil darin noch alles enthalten sein soll, was der Körper braucht. Denn auch das Kochen und Backen, die Lebensmittelverarbeitung haben einen biologischen Sinn. Erst mit ihrer Hilfe gelang es dem Menschen, giftige und unbekömmliche Stoffe aus seiner Nahrung zu eliminieren, sie abzubauen und unschädlich zu machen.

Manche Schutzstoffe entstehen auch erst beim Erhitzen von Gemüse, wie etwa das Beta-Ionon: Es entsteht beim Kochen aus verschiedenen Karotinen und ist die Voraussetzung dafür, dass diese vom Körper in Vitamin A umgewandelt werden können. Andere, wie das Beta-Karotin oder das Lykopin, sind aus gekochtem Gemüse viel besser für den Körper verwertbar als aus rohem. Deswegen ist es sinnvoll, Rohkost und erhitztes Gemüse zu essen und seinen Zähnen nicht kiloweise säurehaltiges Obst zuzumuten. Am besten, man hält sich an seinen Appetit: Wem allzu üppige Rohkostplatten nicht gut bekommen, der sollte sich auf kleine Portionen beschränken und sein Gemüse ansonsten gegart genießen.

Tomatensalat mit gratiniertem Ziegenkäse

Ergibt 4 Portionen
Zubereitungszeit: ca. 30 Minuten

–

*Für die Vinaigrette: 1 Schalotte · 1 frische Knob-
lauchzehe · 1 TL Kapern · 1 in Öl eingelegte Sardelle · 2 EL Balsamico-Essig · Salz, Pfeffer · 8 EL
sehr gutes Olivenöl · 2 EL in Öl eingelegte schwarze
Oliven (ohne Stein)*

*Für den gratinierten Ziegenkäse: 120–160 g
Ziegenfrischkäse (z. B. Picandou oder Ziegen-
käserolle) · 8 TL Semmelbrösel · 8 EL Olivenöl ·
Backpapier*

*Außerdem: 1,2 kg reife Tomaten · einige Blättchen
Buschbasilikum, ersatzweise 2 EL grob gehacktes
Basilikum · 1 ofenfrisches Baguette*

Für die Vinaigrette Schalotte und Knoblauchzehe
schälen und sehr fein würfeln. In einem kleinen
Topf Wasser zum Kochen bringen, darin die Würfelchen etwa 30 Sekunden blanchieren, auf ein Sieb
gießen, kalt abschrecken und abtropfen lassen.

Kapern und Sardelle fein hacken. Balsamico
in einer Schüssel mit Salz und Pfeffer verrühren,
Schalotte, Knoblauch, Kapern und Sardelle zufügen und unter Rühren das Olivenöl einarbeiten.
Oliven nach Belieben halbieren und hinzufügen.

Sofern es sich um eine Ziegenkäserolle handelt,
den Ziegenkäse in 8 Scheiben schneiden. Ziegenkäse auf ein mit Backpapier ausgelegtes Backblech
setzen. In einer kleinen Schüssel Semmelbrösel
mit Olivenöl mischen und gleichmäßig auf den
Ziegenkäsestücken verteilen. Das Backblech auf
der mittleren Schiene für 10 Minuten den auf
200 °C vorgeheizten Backofen schieben.

Währenddessen Tomaten waschen und den
Strunk entfernen. Tomaten in Scheiben schneiden
und auf einer großen Platte ausbreiten. Die Vinaigrette gleichmäßig darüber verteilen.

Den fertigen Ziegenkäse (die Brösel sollen eine
goldbraune Färbung haben) aus dem Ofen nehmen, 1 Minute abkühlen lassen und auf die Tomaten setzen. Den Salat mit Buschbasilikum bestreu-
en und mit frischem Baguettebrot servieren.

Rote-Bete-Salat mit Löwenzahn und Apfel

Ergibt 4 Portionen
Zubereitungszeit: ca. 25 Minuten
Kochzeit: ca. 40 Minuten

–

4 Rote-Bete-Knollen à ca. 150 g · Salz · 1 Bund Löwenzahn (milderer Treibhauslöwenzahn oder junger, im Geschmack kräftigerer und bitterer Wiesenlöwenzahn), ersatzweise Radicchio, Rucola oder Chicorée · 50 g Walnusskerne · 4 EL Olivenöl · Saft von 1 Orange · 2 EL Balsamico · ½ TL Senf · Pfeffer · 3 EL Walnussöl · 2 kleine säuerliche Äpfel · 4 Rispen Johannisbeeren

Rote Bete waschen und in Salzwasser ca. 40 Minuten kochen, bis sie weich sind (Messerprobe). Rote Bete abgießen und abkühlen lassen.

Löwenzahn gründlich in warmem Wasser waschen und trocken schleudern.

Walnusskerne grob hacken und mit 1 EL Olivenöl in einer Pfanne bei mittlerer Temperatur rösten. Für die Vinaigrette Orangensaft, Balsamico, Senf, Salz und Pfeffer verrühren, Walnuss- und restliches Olivenöl mit einem Schneebesen unterrühren.

Rote Bete schälen und in Spalten schneiden.

Äpfel und Johannisbeeren waschen. Äpfel vierteln, Kerngehäuse entfernen und die Viertel in feine Spalten oder Streifen schneiden. Johannisbeeren von den Rispen zupfen. Löwenzahn, Rote-Bete-Spalten, Apfelstücke und Johannisbeeren auf vier Teller verteilen und mit der Vinaigrette beträufeln. Alles mit gehackten Walnusskernen bestreuen und sofort servieren.

Grüner Spargelsalat mit Hähnchenbrust und Grapefruit

Ergibt 4 Portionen
Zubereitungszeit: ca. 1 Stunde

–

1 kg grüner Spargel · Salz · 1 kleiner Kopf Radicchio · 2 rosa Grapefruits · 2 EL Ahornsirup · Pfeffer · 3 EL sehr gutes Olivenöl · 3 EL Traubenkernöl · 1 EL gehackte Minzeblättchen · 2 Hähnchenbrüste mit Haut · 2 EL Sonnenblumenöl · evtl. Minzeblättchen zum Garnieren

Das untere Drittel der grünen Spargelstangen mit einem Sparschäler schälen, etwa 2 cm der Enden abschneiden. Spargel in kochendem Salzwasser ca. 5 Minuten garen, die Stangen sollten noch Biss haben. Spargel abgießen, kalt abschrecken, abtropfen lassen und in etwa 4 cm lange Stücke schneiden.

Den Strunk des Radicchios mit einem kleinen spitzen Messer herausschneiden. Die äußeren Blätter entfernen, die restlichen Blätter lösen, in grobe Stücke zupfen, waschen und trocken schleudern.

Das obere und untere Ende der Grapefruits abschneiden. Grapefruits mit einem Messer so schälen, dass die weiße Haut mit entfernt wird. Die Filets mit einem Messer aus den Trennhäuten lösen, den Saft dabei auffangen. Die Grapefruithäute mit den Händen auspressen. Grapefruitsaft in einem kleinen Topf auf die Hälfte reduzieren. Den Saft mit Ahornsirup, Salz und Pfeffer verrühren, Oliven- und Traubenkernöl unterrühren. Sobald die Vinaigrette auf Zimmertemperatur abgekühlt ist, gehackte Minze unterrühren.

Hähnchenbrüste unter fließend kaltem Wasser waschen, trocken tupfen und mit Salz und Pfeffer würzen. Sonnenblumenöl in einer Pfanne erhitzen, die Hähnchenbrüste auf der Fleischseite anbraten, dann auf die Hautseite drehen und weiterbraten, bis die Haut kross ist. Die Brüste umdrehen und für 5 Minuten in den auf 180 °C aufgeheizten Backofen schieben. Die Brüste aus dem Ofen nehmen und 5 Minuten ruhen lassen.

Radicchio auf vier Teller verteilen, Spargel und Grapefruitfilets daraufgeben und mit Vinaigrette beträufeln. Die Hähnchenbrust in dünne Scheiben schneiden, eine halbe Brust auf jeden Teller legen und nach Belieben mit Minzeblättchen garnieren.

Bitterstoffe

—

Wintersalate wie Chicorée und Radicchio, aber auch Endiviensalat zeigen einen mehr oder weniger ausgeprägten bitteren Geschmack. Dafür verantwortlich sind Bitterstoffe wie das Intybin, die den Appetit und die Verdauung anregen. Intybin fördert den Speichelfluss, sodass uns das Wasser im Mund zusammenläuft. Zudem regt es die Bildung der Verdauungssäfte in Magen und Bauchspeicheldrüse an, bereitet den Körper also auf die ankommende Nahrung vor. Auf diesem Prinzip basiert auch die Wirkung eines Aperitifs.

Zudem fördern Bitterstoffe den Gallefluss aus der Leber. Die Gallenflüssigkeit sorgt dafür, dass die Fette aus der Nahrung fein verteilt werden, sodass die Verdauungssäfte besseren Zugang haben. Mithilfe der Gallenflüssigkeit unterstützen Bitterstoffe die Fettverdauung, vor allem schwere Mahlzeiten werden bekömmlicher.

Doch nicht jeder mag die bittere Note, und das hat ganz handfeste biologische Gründe: Viele Gifte schmecken bitter, und aus diesem Grund hat die Natur uns Menschen mit einer angeborenen Aversion gegen Bitteres ausgestattet. Vor allem bei Kindern ist sie ausgeprägt, sie schützt die Kleinen davor, Giftiges hinunterzuschlucken. Dass wir als Erwachsene dagegen gerne einen bitteren Kaffee, ein herbes Bier oder Radicchio mögen, liegt daran, dass unser Körper über die Jahre positive Erfahrungen mit diesen Lebensmitteln sammeln konnte: Der Kaffee macht uns munter, das Bier müde, der Radicchio hilft beim Verdauen. So wird die angeborene Bitteraversion im Lauf des Lebens etwas gedämpft. Ganz verloren geht sie nie, denn sie ist eine Lebensversicherung.

Allerdings gibt es Menschen, die Bitterstoffe besonders intensiv schmecken können. Diese Fähigkeit ist genetisch festgelegt und lässt sich daher nicht einfach wieder abtrainieren. Wer Bitteres sehr intensiv wahrnimmt, wird daher keine große Vorliebe für Endiviensalat oder Artischocken hegen.

Alle die bittere Geschmacksnoten lieben, werden Chicorée, Radicchio, Artischocken, Oliven und Endiviensalat so essen, wie sie sind. Wer die Bitterstoffe ein wenig entschärfen möchte, kann auf Folgendes achten: So sollte Chicorée stets dunkel und kühl gelagert werden, damit er nicht grün wird. Denn die grünen Blattspitzen sind besonders bitter. Mag man es lieber mild, sollte man daher nur Chicorée mit gelben Blättern kaufen. Viele Supermärkte bieten das Gemüse mittlerweile in lichtdichten Boxen an.

Kurzes Wässern in warmem Wasser hilft auch dabei, den Bittergeschmack etwas zu reduzieren. Allerdings laugt es Salate und Gemüse aus, sie verlieren beim Wässern einen Teil ihrer Inhaltsstoffe. Besser ist es, sie zum Ausgleich mit milden, süßen Lebensmitteln wie Trauben, Mandarinen, Kartoffeln oder Nüssen zu kombinieren und mit Sahne, Joghurt oder anderen Milchprodukten anzurichten.

Matjes auf Kartoffel-Gurken-Salat

Ergibt 4 Portionen
Zubereitungszeit: ca. 40 Minuten

—

700 g festkochende Kartoffeln · Salz · 500 g Bio-Gartengurke · 250 g Naturjoghurt · Pfeffer · 1 EL Zucker · 3–4 EL Weißweinessig · 4 EL Traubenkernöl, ersatzweise Sonnenblumenöl · 8 Radieschen · ½ Bund Dill · 1 kleine rote Zwiebel · 4–8 Matjesfilets, ersatzweise Salzheringe · schwarzer Pfeffer aus der Mühle

Für den Kartoffel-Gurken-Salat die Kartoffeln waschen und in Salzwasser weich kochen. Währenddessen Gartengurke waschen, trocken tupfen und in 2 cm große Würfel schneiden.

Für das Dressing Naturjoghurt mit etwas Salz, Pfeffer, Zucker, Weißweinessig und Traubenkernöl verrühren.

Radieschen putzen, waschen und mit einem Gemüsehobel oder mit einem Messer in sehr feine Scheiben schneiden. Dill waschen, trocken schleudern und hacken. Rote Zwiebel schälen und auf einem Gemüsehobel in hauchdünne Ringe schneiden.

Matjesfilets in mundgerechte Stücke schneiden.

Die weich gekochten Kartoffeln abgießen, pellen und in 2 cm große Würfel schneiden.

Kartoffel- und Gurkenwürfel mit dem Joghurtdressing und der Hälfte des Dills mischen und auf vier Teller verteilen. Matjes darauf anrichten und mit Radieschen, roter Zwiebel und dem restlichen Dill garnieren. Das Ganze mit frisch gemahlenem schwarzem Pfeffer bestreuen.

Sardellen in Olivenkruste auf Wildkräutersalat

Ergibt 4 Portionen
Zubereitungszeit: ca. 50 Minuten

–

16 frische Sardellen · 160 g Wildkräutersalat · 1 Bio-Zitrone · Salz, Pfeffer · 2 EL Ahornsirup · 6 EL sehr gutes Olivenöl · 1 Ei · Oliven-Fleur-de-Sel (mit Olivenstückchen), ersatzweise Fleur de Sel · ca. 60 g Mehl · 60 g Semmelbrösel · 25 g Oliventapenade (ersatzweise fein gehackte schwarze Oliven in Öl) · 12 EL Olivenöl · Küchenpapier

Sardellenköpfe mit einem Messer abtrennen. Mit einem Finger die Bauchhöhle der Fische öffnen. Innereien herausnehmen und die einzelnen Sardellen an der Mittelgräte entlang zwischen Daumen und Zeigefinger leicht pressen. Dadurch löst sich das Sardellenfleisch von der Mittelgräte. Die Mittelgräte kann dann einfach mit den Fingern vom Kopf in Richtung Schwanzende herausgezogen werden. Sardellen innen und außen vorsichtig mit kaltem Wasser abspülen, aufklappen und zwischen zwei Lagen Küchenpapier trocken tupfen.

Wildkräutersalat waschen und trocken schleudern.

Für die Vinaigrette Zitrone auspressen und ca. ½ TL Schale abreiben. Zitronensaft und -schale mit Salz, Pfeffer und Ahornsirup verrühren. Sehr gutes Olivenöl einrühren und die Vinaigrette abschmecken.

Ei in einem tiefen Teller mit einer Gabel verquirlen und mit Oliven-Fleur-de-Sel und Pfeffer würzen. Mehl auf einen tiefen Teller geben, auf einem weiteren tiefen Teller Semmelbrösel und Oliventapenade mischen.

Sardellen von beiden Seiten im Mehl wenden, überschüssiges Mehl abklopfen. Sardellen durch das Ei ziehen und anschließend in den Semmelbrösel wenden, dabei die Brösel fest andrücken.

Die Hälfte des Olivenöls in einer großen Pfanne erhitzen, darin 8 Sardellen bei mittlerer Hitze von beiden Seiten knusprig ausbacken, auf Küchenpapier entfetten. Mit dem restlichen Öl und den restlichen Sardellen ebenso verfahren.

Wildkräutersalat mit der Vinaigrette anmachen und auf Tellern anrichten, darauf die gebackenen Sardellen verteilen und servieren.

Sekundäre Pflanzenstoffe

–

Sekundäre Pflanzenstoffe stecken in ganz normalen Lebensmitteln wie Kräutern, Gewürzen, Gemüse und Salat. Weil sie den Blutdruck und das Cholesterin senken, unerwünschte Bakterien vernichten, das Blut verdünnen, Entzündungen hemmen und aggressive Stoffe im Körper einfangen können, gehören sie zu den Lieblingen der Ernährungsforschung. Sekundäre Pflanzenstoffe kommen aber nicht nur in Äpfeln, Beeren, Zwiebeln, Kohl und Rosmarin vor, sondern auch in Tee und Kaffee, Kakao und Wein. Das anregende Koffein gehört ebenso dazu wie die Bitterstoffe im Chicorée. Weil sie keinerlei Nährwert haben, schenkte man ihnen lange keine Aufmerksamkeit. Doch das hat sich geändert. Allerdings haben die Wissenschaftler noch viel Arbeit mit den »Sekundären«, denn es handelt sich um Tausende von Substanzen, von denen erst wenige erforscht sind.

Um ein wenig Ordnung in das große Sammelsurium zu bringen, werden die »Sekundären« gewöhnlich in Gruppen eingeteilt, denen die Forscher jedoch zungenbrecherische Namen gaben: Carotinoide, Polyphenole, Glucosinolate, Monoterpene, Sulfide, Enzym-Inhibitoren, Saponine, Phytosterine oder Phytoöstrogene. Sie kommen nur in Pflanzen und nur in geringen Mengen vor. Mit einer gemischten Kost nehmen wir etwa eineinhalb Gramm täglich zu uns. Für deren positive Wirkungen auf die Gesundheit spricht neben zahlreichen Laborversuchen die Beobachtung, dass Menschen, die viel Gemüse, Obst und Tee genießen, seltener einen Herzinfarkt erleiden.

Beispiel Carotinoide

Carotinreiche Lebensmittel geben sich häufig durch gelbe bzw. orange bis rote Farbtöne zu erkennen: Aprikosen, Möhren und Kürbisse sind reich an Beta-Carotin, Tomaten enthalten viel Lykopin. In Grünkohl und Spinat finden sich ebenfalls gelbe Carotinoide, ihre Farbe wird jedoch vom grünen Blattfarbstoff Chlorophyll überdeckt. Einige Carotinoide wirken stark antioxidativ, d. h., sie können gefäß- und zellschädigende Substanzen abfangen. Da Carotinoide fettlöslich sind, verwertet der Körper sie besser, wenn die entsprechenden Lebensmittel mit Fett zubereitet werden. Einige Carotinoide wie z. B. das Lykopin sind hitzestabil und werden aus gekochten Möhren und Tomatensoße besser aufgenommen als aus Rohkost.

Beispiel Flavonoide

Wildkräuter sowie im Freiland und reif geerntete Kräuter, Früchte und Gemüse weisen die höchsten Flavonoidgehalte auf. Flavonoide scheinen vor allem Herz und Gefäße zu schützen. Sie geben sich oft durch rot-violette Farbtöne zu erkennen: in Auberginen und roten Weintrauben, in Äpfeln, Curry, Chilis und Paprika, um nur einige Beispiele zu nennen. Das mengenmäßig wichtigste Flavonoid heißt Quercetin, wir nehmen es hauptsächlich über schwarzen Tee, Zwiebeln, Äpfel und Rotwein auf. Da es beim Kochen nicht zerstört wird, spielt es keine Rolle, ob man rohe Zwiebeln mag oder eine Zwiebelsuppe vorzieht.

Gesundheitsgaranten?

Wunder dürfen wir nicht erwarten, doch wirksam sind die »Sekundären« schon. Denn sie wurden von den Pflanzen zum Schutz vor Krankheiten, Kälte, zu viel Sonne, Parasiten und Fraßfeinden sowie zur Bestäubersuche gebildet. Da Pflanzen keine Heiratsannoncen aufgeben, keine Heizung einschalten und keine Sonnencreme auftragen können, mussten sie andere Wege finden, um Bestäuber anzulocken, die Sonne zu ertragen und naschhafte Mäuler abzuwehren. Sie tun all dies mithilfe von sekundären Pflanzenstoffen. Zum Glück wirken einige von ihnen auch bei uns Menschen vorteilhaft.

Mediterranes Ofengemüse

Ergibt 4 Portionen
Zubereitungszeit: ca. 35 Minuten
Backzeit: ca. 40 Minuten

–

600 g festkochende Kartoffeln · Salz · 6 Frühlings-
zwiebeln · 2 gelbe und 1 rote Paprika · 3–4 kleine
Zucchini · 16–20 kleine Strauchtomaten · 4 frische
Knoblauchzehen · 250 g Fetakäse · 8 Zweige
Thymian · 2 Zweige Oregano · 10 EL Olivenöl ·
Pfeffer · 4 EL in Öl eingelegte schwarze Oliven
(ohne Stein)

Kartoffeln waschen und ca. 20 Minuten in Salzwasser garen.

Währenddessen Frühlingszwiebeln putzen, waschen und in sprudelnd kochendem Salzwasser 1 Minute blanchieren. Frühlingszwiebeln abgießen, kalt abschrecken, trocken tupfen und in 3 cm lange Stücke schneiden.

Paprika, Zucchini und Tomaten waschen und trocken tupfen. Paprika mit einem Sparschäler so gut es geht schälen und halbieren. Stiel, Kerne und weiße Innenwände entfernen, das Fruchtfleisch in etwa 3 cm große Würfel schneiden. Die beiden Enden der Zucchini entfernen. Zucchini in 1 cm dünne Scheiben schneiden. Knoblauchzehen schälen und vierteln. Fetakäse in Stücke brechen oder würfeln. Thymian und Oregano waschen und die Blättchen von den Zweigen zupfen.

Kartoffeln abgießen, pellen und je nach Größe vierteln oder halbieren.

Fetakäse und das vorbereitete Gemüse außer den Tomaten in eine Schüssel geben, 6 EL Olivenöl, Thymian und Oregano zufügen, alles mit Salz und Pfeffer würzen und vorsichtig mischen. Das Ganze in eine ofenfeste Form oder vier Portionsförmchen geben und im auf 200 °C vorgeheizten Backofen (180 °C Umluft) auf der mittleren Schiene 20 Minuten backen. Dann Tomaten, Oliven und das restliche Olivenöl über dem Gemüse verteilen und weitere 10–15 Minuten backen.

Dazu passen gemischte Blattsalate mit einer Balsamico- oder Zitronen-Vinaigrette.

Gemüse in orientalischer Orangensauce

Ergibt 4 Portionen
Zubereitungszeit: ca. 40 Minuten

—

2 Fenchelknollen · 6 Karotten · 4 Stangen Stau-
densellerie · 2 rote Zwiebeln · 4 EL Olivenöl ·
Salz, Pfeffer · ½ TL gemahlener Kreuzkümmel ·
250 ml frisch gepresster Orangensaft · 100 ml
Gemüsebrühe · 1 Prise Zimt · 1 Nelke · 1 Lorbeer-
blatt · evtl. feine Ringe von 1 Chilischote · 1 EL
Butter · 4 EL Granatapfelkerne · 2 EL gehackte
glatte Petersilie

Fenchel putzen, evtl. das äußere Knollenblatt entfernen. Karotten und Staudensellerie mit einem
Sparschäler schälen. Alles waschen und trocken
tupfen. Fenchel in die einzelnen Blätter teilen,
Karotten der Länge nach halbieren, Staudensellerie quer halbieren. Rote Zwiebeln schälen und
so achteln, dass die Zwiebelhäute an der Wurzel
zusammenhalten.

2 EL Olivenöl in einem breiten Topf erhitzen,
darin das Gemüse rundum bei mittlerer Temperatur farblos anschwitzen. Das Gemüse mit Salz und
Pfeffer würzen. Kreuzkümmel zufügen und kurz
mitanschwitzen. Orangensaft und Gemüsebrühe
angießen, Zimt, Nelke, Lorbeer und je nach Geschmack Chili zufügen und das Ganze bei halb geschlossenem Deckel kochen lassen, bis das Gemüse gar ist – nach Belieben mit etwas Biss.

Butter, Granatapfelkerne und Petersilie zufügen, das Ganze nochmals aufkochen und sofort
servieren.

Indisches Linsengemüse

Ergibt 4 Portionen
Zubereitungszeit: ca. 50 Minuten

–

250 g Berglinsen · 4 große Strauchtomaten · Salz, Pfeffer · 1 Mango · 1 Frühlingszwiebel · Saft von ½ Limette · ½ TL Schwarzkümmel · 1 weiße Zwiebel · 1 Knoblauchzehe · 75 g Datteln · 2 EL Sonnenblumenöl · 1–2 TL Currypulver · Saft von 1 Orange · 2 EL Weißweinessig · 250 ml Gemüsebrühe · 12 Papadams (indische Fladen aus Linsenmehl, erhältlich im Asialaden) · 1 l Öl zum Frittieren · ½ Bund Koriander · Küchenpapier

Berglinsen in einem Sieb unter fließendem Wasser gut abspülen, dann in kochendem Wasser 3 Minuten blanchieren. Linsen auf ein Sieb gießen, mit klarem Wasser abspülen und abtropfen lassen.

Strunk der Strauchtomaten entfernen und die Haut leicht einritzen. Tomaten in kochendem Wasser ca. 30 Sekunden blanchieren, dann die Haut abziehen. Tomaten vierteln, Kerne entfernen und die Tomatenfilets in feine Würfel schneiden. Mit Salz und Pfeffer würzen.

Mango mit einem Sparschäler schälen. Fruchtfleisch vom Stein schneiden und würfeln. Frühlingszwiebel putzen, waschen und in feine Ringe schneiden. Mangowürfel mit Limettensaft, Frühlingszwiebeln und Schwarzkümmel mischen und mit Salz würzen.

Zwiebel und Knoblauch schälen und in feine Würfel schneiden. Datteln halbieren, entkernen und ebenfalls würfeln. 1–2 EL Sonnenblumenöl in einem Topf erhitzen. Zwiebeln und Knoblauch darin farblos anschwitzen. Currypulver zufügen, mit Orangensaft, Weißweinessig und Gemüsebrühe ablöschen. Linsen und Datteln zufügen und so lange bei geringer Hitze köcheln lassen, bis die Linsen weich sind, aber noch leichten Biss haben. Mit Salz und Pfeffer abschmecken.

Währenddessen für die Papadams das Öl zum Frittieren in einem breiten Topf erhitzen. Darin die Papadams nacheinander goldgelb ausbacken und auf Küchenpapier abtropfen lassen.

Koriander waschen und trocken schütteln, einige Blättchen zum Garnieren beiseite stellen, den Rest fein hacken und unter das Linsengemüse rühren.

Linsen auf vier Tellern anrichten, Tomaten und Mangosalsa dazugeben und mit Korianderblättchen garnieren. Zu den Linsen die knusprigen Papadams servieren.

Hülsenfrüchte

–

Einst eine verschmähte Armenspeise, schafften es manche Hülsenfrüchte in den letzten Jahren bis in die Töpfe und auf die Teller der Edelgastronomie. In der alltäglichen Kost sind sie noch unterrepräsentiert. Das ist schade, denn Hülsenfrüchte haben einiges an Nährwert zu bieten. Gerade mal ein gutes Kilo Hülsenfrüchte verspeisen die Bundesbürger jährlich, wobei die Linse nach Bohne und Erbse die drittwichtigste Hülsenfrucht darstellt. Da steckt noch eine Menge Potenzial drin, denn Linsen & Co. sind nicht nur sehr nahrhaft, sondern auch preiswert, lange lagerfähig und leicht zuzubereiten.

Pflanzliches Eiweiß und mehr

Was Linsen & Co. auszeichnet, ist der für pflanzliche Lebensmittel hohe Eiweißanteil. Fast ein Viertel der Samen besteht aus Eiweiß, ein Wert, der sonst nur von Fleisch oder Fisch erreicht wird. In Kombination mit Getreide ist dieses Eiweiß so hochwertig, dass es die tierischen Lebensmittel voll ersetzen kann. Hier zeigt sich einmal mehr, dass traditionelle Gerichte wie Bohneneintopf mit Brot oder Linsen mit Spätzle ernährungsphysiologisch clever komponiert sind.

Mit einer einzigen Portion Linsen, Bohnen oder Erbsen, das sind etwa 50 Gramm Trockengewicht, hat man bereits ein Viertel der empfohlenen Menge Magnesium, Eisen und Zink auf dem Teller. Zwar werden sie vom Körper nicht so leicht verwertet wie aus tierischen Lebensmitteln, dennoch sind Hülsenfrüchte ganz gute Lieferanten für diese Nährstoffe. An Vitaminen liefern Hülsenfrüchte vor allem Vitamin B1 und B2.

Fettarm und ballaststoffreich

Hülsenfrüchte sind mit etwa eineinhalb Prozent Fett äußerst magere Lebensmittel – vielleicht isst man deshalb gerne ein wenig fette Wurst dazu? Ihr Kohlenhydratanteil ist mit rund 50 Prozent sehr hoch. Auch ihr Ballaststoffanteil von über 10 Prozent kann sich sehen lassen. Somit unterstützen sie die Darmtätigkeit und die Verdauung hervorragend – manchmal vielleicht ein wenig zu gut. Geschälte rote Linsen sind weniger ballaststoffreich, da die faserreiche Schale entfernt wurde. Das macht sie bekömmlicher und beschleunigt die Zubereitung. So benötigen rote Linsen nur 10 Minuten Garzeit, andere Linsen wie Puy- oder Tellerlinsen dagegen 30 bis 45 Minuten. Ebenfalls zeitsparend ist, dass Linsen nicht wie andere Hülsenfrüchte eingeweicht werden müssen.

Was sie mit ihren Verwandten gemeinsam haben, ist das sprichwörtliche Tönchen, das jedes Böhnchen verursacht. Dafür sind jene Kohlenhydrate der Hülsenfrüchte verantwortlich, die nicht von menschlichen Verdauungssäften abgebaut werden können. Sie gelangen in die tieferen Darmabschnitte, wo sie von Darmbakterien zersetzt werden – und dabei entsteht Gas.

Wer sehr empfindlich reagiert, sollte die geschälten Linsen bevorzugen. Für Abhilfe sorgen weiterhin die Keimung der Hülsenfrüchte zu Sprossen oder das geschickte Würzen. Als blähungsmildernd haben sich nicht nur Kümmel und Fenchel bewährt, sondern auch Ingwer, Koriander, Majoran, Liebstöckel, Thymian, Rosmarin und sogar Senf. Auch ausreichendes Kochen macht Hülsenfrüchte bekömmlicher, denn hier werden wie bei der Keimung die verantwortlichen Inhaltsstoffe zumindest teilweise reduziert. Übrigens können Linsenkeimlinge im Gegensatz zu den Sprossen anderer Hülsenfrüchte frisch verzehrt werden.

Curry-Bananen-Brot ...

Ergibt 1 Kastenbrot (10 × 22 cm) à ca. 12 Scheiben
Zubereitungszeit: ca. 15 Minuten
Backzeit: 55–65 Minuten

–

400 g Mehl · 1 Päckchen Backpulver · 1 EL Currypulver · 1 EL Salz · 1 Prise Zucker · 200 g Banane · 450 ml Kokosmilch

Außerdem: *Butter zum Fetten der Kastenform*

Für das Curry-Bananen-Brot Mehl, Backpulver und Curry in eine Rührschüssel sieben, mit Salz und Zucker mischen. Banane schälen, in Stücke schneiden und mit einer Gabel zerdrücken. Banane und Kokosmilch zur Mehlmischung geben und mit den Quirlen des Handrührgerätes zu einem glatten Teig verkneten. Eine kleine Kastenform buttern und den Teig einfüllen. Im auf 190 °C vorgeheizten Backofen 55–65 Minuten goldbraun backen. Auf einem Kuchengitter auskühlen lassen.

... mit Avocado und Tomate

Ergibt 4 Portionen
Zubereitungszeit: ca. 10 Minuten

–

4 Scheiben Curry-Bananen-Brot · 4 EL Frischkäse · 1 Avocado · 1 TL Limettensaft · 8 Kirschtomaten · ¼ rote Zwiebel · 2 EL geröstete Pinienkerne · 4 TL sehr gutes Olivenöl · Salz, Pfeffer · einige Korianderblättchen zum Garnieren

Für die belegten Brote Brotscheiben mit jeweils 1 EL Frischkäse bestreichen.

Avocado vierteln, die Schale abziehen und den Kern entfernen. Fruchtfleisch in dünne Scheiben schneiden, mit Limettensaft beträufeln und auf den Broten verteilen. Kirschtomaten waschen und vierteln, rote Zwiebel schälen und in feine Würfelchen schneiden. Beides auf den Broten verteilen. Alles mit Pinienkernen bestreuen. Jeweils 1 TL Olivenöl darüberträufeln, die Brote mit Salz und Pfeffer würzen und mit einem Korianderblättchen garnieren.

Asiatischer Spargel mit gebratenem Saibling und Maracuja-Vinaigrette

Ergibt 4 Portionen
Zubereitungszeit: ca. 1 Stunde
–

1 kg weißer Spargel (möglichst dünne, gleichgroße Stangen) · 1 Stück frischer Ingwer (30 g) · 2 Stangen Zitronengras · abgeriebene Schale von 1 Bio-Limette · 2 Kaffir-Limettenblätter · Salz · 2 Gefrierbeutel à 4 l · 3–4 frische Maracujas · 1 TL Zucker · 50 ml sehr gutes Olivenöl

1 Saibling · Salz, Pfeffer · 2 EL Sonnenblumenöl zum Anbraten · Fleur de Sel

Den Spargel waschen und mit einem Sparschäler sorgfältig schälen. Ingwer schälen und in dünne Scheiben schneiden. Zitronengras heiß abwaschen und in feine Ringe schneiden. Spargel, Ingwer, Zitronengras, Limettenschale, Kaffir-Limettenblätter und etwas Salz in die zwei Gefrierbeutel verteilen. Die Beutel mit einem Knoten fest verschließen, dabei darauf achten, dass sich möglichst wenig Luft in den Beuteln befindet.

Wasser in einem großen Topf aufkochen, die Beutel hineingeben und mit Tellern beschweren. Die Spargelstangen ca. 25 Minuten bei mittlerer Hitze garen, dabei die Beutel gelegentlich wenden. Inzwischen Maracujas halbieren, Kerne und Saft mit einem Teelöffel herauskratzen, es sollte etwa 50 g ergeben.

Saibling unter fließend kaltem Wasser gründlich waschen, trocken tupfen und filetieren. Jedes Filet mit einem scharfen Messer parieren (Bauchlappen entfernen), die Gräten sorgfältig entfernen und die Filets in 4 etwa gleich große Stücke schneiden.

Spargel aus dem Beutel heben, dabei den Sud auffangen. Spargel abgedeckt warm stellen.

Das Maracujafruchtfleisch mit 30 ml Spargelsud in einem hohen Gefäß mit einem Stabmixer ganz kurz anpürieren. Zucker, Salz und Olivenöl mit einem Schneebesen unterrühren.

Direkt vor dem Servieren die Saiblingsfilets mit Salz und Pfeffer würzen. Sonnenblumenöl in eine beschichtete Pfanne geben, die Filets mit der Hautseite nach unten in die Pfanne setzen und die Pfanne stark erhitzen. Sobald die Haut kross ist, die Stücke für einen kurzen Moment wenden und sofort aus der Pfanne gleiten lassen.

Spargel auf vier Tellern oder Platten anrichten, mit Maracuja-Vinaigrette anmachen und jeweils zwei gebratene Stücke Saiblinge daraufsetzen. Mit Fleur de Sel würzen und sofort servieren.

Spargel

Wärme und ein lockerer, nicht zu feuchter Boden lassen den Spargel gedeihen, der bis Ende Juni geerntet wird und frisch zubereitet am allerbesten schmeckt. Mit leckeren Soßen, Kartoffeln und verschiedenen Fleischbeilagen dient er den einen als absoluter Hochgenuss, andere mögen ihn aufgrund seiner Kalorienarmut und seiner »entschlackenden« Wirkung.

Ein Spargelessen macht sich bei jedem zweiten Menschen später noch einmal bemerkbar. Dafür wird ein körpereigenes Enzym verantwortlich gemacht, das jedoch nicht jeder hat. Es baut die im Spargel enthaltene Asparagussäure ab, wobei schwefelhaltige Verbindungen freigesetzt werden, die sich Stunden später durch ihren charakteristischen Geruch verraten.

Noch im vorigen Jahrhundert wurde der Spargel im amtlichen Arzneibuch geführt und die Apotheken mussten ihn vorrätig halten. Schon sein botanischer Name Asparagus officinalis, Arzneispargel, deutet auf die Heilwirkungen hin, die man dem Stangengemüse seit Jahrtausenden nachsagt. Im Mittelalter glaubte man gar, er helfe gegen Fieber, Wassersucht, Lungen-, Herz- und Verdauungsstörungen und mehr. Vieles davon entpuppte sich jedoch eher als Wunschdenken.

Die inneren Werte des Spargels

Spargel ist leicht verdaulich, arm an Natrium, das Wasser bindet, aber reich an Kalium und weiteren Pflanzenstoffen, die entwässernd wirken. Unterstützt werden sie dabei durch ätherische Öle und den Inhaltsstoff Asparagin, der die Nierenfunktion anregt. Bei hohem Blutdruck kann die entwässernde Wirkung entlastend sein.

Ansonsten wartet der Spargel mit einem hohen Wasseranteil von 94 Prozent auf und mit nennenswerten Mengen an Vitamin C, E, B1, B2 und Folsäure. An Mineralstoffen wären neben dem Kalium noch Eisen und Zink zu nennen. Grüner Spargel schneidet bei den inneren Werten meist ein klein wenig besser ab als der weiße.

Manchmal schmeckt die eine oder andere Spargelstange bitter. Die dafür verantwortlichen Inhaltsstoffe bilden sich wetter- und ernteabhängig. Sie sind gesundheitlich unbedenklich, aber unerwünscht, weil sie den Genuss beeinträchtigen. Die übliche Prise Zucker im Kochwasser kann dem Spargel eine geringe Menge Bitterstoffe entziehen, ansonsten hilft nur großzügiges Schälen.

Ein ganzes Pfund Spargel liefert gerade mal 100 Kilokalorien. Kein Wunder also, dass auch allerlei Spargeldiäten angepriesen werden. Doch so besonders ist der Spargel in dieser Hinsicht nicht, denn viele andere Gemüsearten wie etwa Rettich oder Mangold sind ähnlich kalorienarm. Ob Spargel also beim Schlankbleiben oder -werden hilft, hängt entscheidend von seinen Begleitern auf dem Teller ab.

Neben den klassischen Rezepten lässt sich Spargel auch ganz anders zubereiten: So eignen sich die grünen oder weißen Stangen auch als Belag für eine Quiche oder man schneidet sie in Stücke und brät sie in einem guten Öl kurz in der Pfanne.

Pizza mit Ofentomaten und Sardinen

Ergibt 4 Portionen
Zubereitungszeit: ca. 40 Minuten
Gehzeit: 45–60 Minuten
Backzeit: 20–25 Minuten

—

Für die Ofentomaten: 12–16 Strauchtomaten · 3 EL Olivenöl · Salz, Pfeffer · Backpapier

Für den Pizzateig: 15 g Hefe · 150 g Weizenmehl · 150 g Weizenvollkornmehl · 4 EL Olivenöl · 2 EL Olivenpaste, ersatzweise 3 EL fein gehackte Oliven · 1 gehäufter TL Salz

Außerdem: etwas Mehl für die Arbeitsfläche · 4 Zweige Oregano · 8 Sardinen in Öl eingelegt, von sehr guter Qualität · 4 EL Kapernäpfel · 4 EL Olivenöl von sehr guter Qualität

Für die Pizza Hefe in 70 ml lauwarmem Wasser auflösen und mit 50 g Mehl verrühren. Vorteig zugedeckt an einem warmen Ort 15–30 Minuten gehen lassen.

Währenddessen Tomaten leicht einritzen und den Strunk mit einem kleinen spitzen Messer entfernen. Tomaten in sprudelnd kochendem Wasser 15–30 Sekunden blanchieren und in kaltem Wasser abschrecken. Tomaten häuten, vierteln, entkernen und auf ein mit Backpapier ausgelegtes Backblech legen. Mit 3 EL Olivenöl beträufeln und mit Salz und Pfeffer würzen. Das Blech für 15 Minuten in den auf 150 °C vorgeheizten Backofen schieben. Die Tomaten sollen leicht angetrocknet sein.

Restliches Mehl und Weizenvollkornmehl mit dem Vorteig, 100 ml lauwarmem Wasser, 2 EL Olivenöl, Olivenpaste und Salz mit den Knethaken des Handrührgerätes zu einem glatten Teig verkneten. Zugedeckt an einem warmen Ort gehen lassen, bis sich sein Volumen verdoppelt hat.

Den Teig mit den Händen zusammenschlagen und gut durchkneten. Dann auf einer bemehlten Arbeitsfläche rund oder oval ausrollen und in vier gleich schwere Portionen teilen. Oregano waschen, trocken schleudern und über die Tomaten streuen.

Pizzen auf 2 mit Backpapier ausgelegte Backbleche setzen und mit Ofentomaten belegen. Pizzen mit den restlichen 2 EL Olivenöl beträufeln. Die Bleche nacheinander in den auf 230 °C vorgeheizten Backofen schieben (unterste Schiene) und die Pizzen 20–25 Minuten backen.

Sardellenfilets von den Gräten lösen, in Stücke teilen und zusammen mit den Kapernäpfeln auf den fertig gebackenen Pizzen verteilen. Jeweils mit 1 EL sehr gutem Olivenöl beträufeln.

Calamaretti auf gegrillten Zucchini

Ergibt 4 Portionen
Zubereitungszeit: ca. 50 Minuten
–

20 topfrische Calamaretti · 4 kleine Zucchini · 4 EL Olivenöl · Salz, Pfeffer · ½ Zitrone

Für die Vinaigrette: *2 Strauchtomaten · Salz, Pfeffer · einige feine Ringe einer roten Chilischote · 1 EL fein gehackte glatte Petersilie · 6 EL sehr gutes Olivenöl*

Calamaretti putzen: Dafür den Kopf mit den Tentakeln und das transparente Fischbein aus den Körperbeuteln ziehen.

Mit einem Messer die Tentakel knapp über dem Auge so abschneiden, dass die Tentakel noch miteinander verbunden bleiben. Kauwerkzeuge in der Mitte der Tentakel herausdrücken. Vom Körperbeutel die Haut abziehen.

Tentakel und Körperbeutel (auch Tuben genannt) sorgfältig unter fließend kaltem Wasser waschen und trocken tupfen, dabei die Tuben auch von innen nach außen stülpen. Nach dem Trocknen wieder umstülpen und die Calamaretti flach auf ein Schneidbrett legen. Mit einem scharfen, spitzen Messer die Tuben links und rechts leicht einschneiden.

Die Zucchini waschen, trocken tupfen und die Stielansätze entfernen. Zucchini mit einem Gemüsehobel, ersatzweise mit einem Messer, der Länge nach in möglichst gleichmäßige, dünne (ca. 3 mm) Scheiben schneiden. Die Scheiben leicht einölen und mit Salz und Pfeffer würzen.

Eine Grillpfanne stark erhitzen und darauf portionsweise die Zucchinischeiben grillen.

Währenddessen Strauchtomaten waschen, grob würfeln und mit Salz würzen. Die Tomaten durch ein Sieb streichen, im Sieb verbleibende Reste entfernen.

Den aufgefangenen Tomatensaft mit Pfeffer, Chili und Petersilie verrühren. Olivenöl darunterrühren und die Vinaigrette mit Salz abschmecken.

Zucchinischeiben auf vier Teller oder Platten verteilen. Calamarettituben und -tentakel ebenfalls in der Grillpfanne scharf anbraten, mit Salz und Pfeffer würzen. Zitronenhälfte über den Calamaretti ausdrücken. Calamaretti auf den Zucchinischeiben verteilen. Das Ganze mit der Vinaigrette anmachen und sofort servieren.

Wer keine Grillpfanne besitzt, kann dieses Gericht auch mit einer normalen Pfanne zubereiten. Achten Sie bitte darauf, dass die Calamaretti beim Braten Farbe bekommen, nur dann entwickeln sie ihren wunderbaren Geschmack!

Spaghetti Vongole mit asiatischen Aromen

Ergibt 4 Portionen
Zubereitungszeit: ca. 20 Minuten
Wässern: 2 Stunden

–

1 kg Vongole (Venusmuscheln) · Salz · 400–500 g
Spaghetti · ⅓ Bund frischer Koriander · 2–3
Knoblauchzehen · 1 Stück frischer Ingwer (25 g) ·
1 Stange Staudensellerie · 4 Frühlingszwiebeln ·
3 EL Olivenöl · einige feine Ringe einer roten
Chilischote · 100 ml Gemüsebrühe · Saft von
1 Limette · 2 EL Sojasauce · 2 EL thailändische
Fischsauce · 1 TL Zucker

Vongole-Muscheln in einem großen Gefäß mit kaltem Wasser 2 Stunden wässern, dabei das Wasser zwei- bis dreimal auswechseln.

Da manche Muscheln mit Sand gefüllt sind und diese das Gericht verderben könnten, empfehle ich, die Muscheln zu kontrollieren, indem man mit jeder einzelnen kurz und kräftig auf die Arbeitsfläche klopft. Die mit Sand gefüllten Muscheln öffnen sich.

In einem großen Topf reichlich Salzwasser zum Kochen bringen und darin die Spaghetti nach Packungsangabe al dente kochen.

Währenddessen Vongole auf einem Sieb abtropfen lassen.

Koriander waschen, trocken schleudern, einige Blättchen zum Garnieren beiseite stellen und den Rest fein hacken.

Knoblauch und Ingwer schälen und in möglichst feine Würfelchen schneiden.

Staudensellerie waschen und in dünne Scheiben schneiden. Frühlingszwiebeln putzen, waschen und in feine Ringe schneiden.

Olivenöl in einer großen Pfanne stark erhitzen. Vongole in die Pfanne geben und diese sofort mit einem Deckel schließen. Vorsicht: Das heiße Fett spritzt! Nach ca. 2 Minuten unter gelegentlichem Rütteln der Pfanne den Deckel abnehmen. Knoblauch, Ingwer, Chili, Staudensellerie und Frühlingszwiebeln zufügen. Kurz mit anschwitzen, dann mit Gemüsebrühe, Limettensaft, Sojasauce und Fischsauce ablöschen, Zucker zufügen und 2 Minuten kochen lassen.

Die gekochten Spaghetti abgießen und mit dem gehackten Koriander zu den Muscheln geben. Das Ganze noch 1–2 Minuten leise köcheln lassen, dann Spaghetti und Muscheln auf Teller verteilen, mit Korianderblättchen garnieren und sofort servieren. Geschlossene Muscheln nicht verzehren.

Bohneneintopf mit Meeresfrüchten

Ergibt 4 Portionen
Zubereitungszeit: ca. 90 Minuten
Einweichzeit: ca. 12 Stunden (über Nacht)

–

*Für den Eintopf: 200 g Cannellini-Bohnen ·
1 küchenfertiger Kalmar (auch Sepia genannt) à ca.
500 g · 4 EL Olivenöl · 1 Schalotte · 3 Knoblauchzehen · 2 Stangen Staudensellerie · 8 Strauchtomaten · 1,5 l Pulpofond (siehe unten) · Salz · ½ TL
Piment d'Espelette (ersatzweise ¼ TL Cayennepfeffer) · 4 Garnelen ohne Kopf (Größe 16/20) ·
Pfeffer · 1 Bund glatte Petersilie · 2 EL schwarze
Oliven in Öl (ohne Stein) · 1 Spritzer Zitronensaft*

*Für den Pulpo: 1 kleiner küchenfertiger Pulpo à ca.
600 g · ½ Fenchelknolle · 1 Karotte · 1 kleine Zwiebel · 2 EL Olivenöl · 1 TL Fenchelsamen · 100 ml
Weißwein · 1 Lorbeerblatt · 1 TL Pfefferkörner*

Cannellinibohnen über Nacht in reichlich kaltem
Wasser einweichen.

Pulpo unter fließend kaltem Wasser gründlich
waschen und zum Abtropfen auf ein Sieb geben.
Fenchel waschen, Karotte und Zwiebel schälen
und alles in Scheiben schneiden.

Olivenöl in einem Topf erhitzen. Fenchel, Karotte, Zwiebel und Fenchelsamen darin farblos anschwitzen. Pulpo zufügen und weitere 5 Minuten
anschwitzen.

Weißwein angießen und alles zum Kochen
bringen. So viel Wasser angießen, dass der Pulpo
gerade mit Flüssigkeit bedeckt ist. Lorbeer und
Pfefferkörner zufügen und erneut alles zum Kochen bringen. Temperatur verringern und den
Pulpo ca. 45 Minuten leise köcheln lassen, bis er
zart ist, aber noch Biss hat.

Währenddessen Cannellinibohnen unter fließend kaltem Wasser waschen und in einem Topf
mit reichlich Wasser ohne Salz zum Kochen bringen. Temperatur verringern und die Bohnen ca.
35 Minuten leise köcheln lassen, dabei evtl. etwas
Wasser nachgießen. Die Bohnen sollten noch etwas
Biss haben. Bohnen auf ein Sieb gießen.

Den geputzten Kalmar in Quadrate mit einer
Kantenlänge von 3–4 cm schneiden und diese mit
einer Rasierklinge leicht einritzen. Die Tentakel in
Stücke schneiden. In einer Pfanne 2 EL Olivenöl
erhitzen und darin die Kalmarstücke scharf anbraten, dann beiseite stellen.

Schalotte und Knoblauch schälen und fein würfeln. Staudensellerie waschen, evtl. mit einem Sparschäler schälen und in dünne Scheiben schneiden.
Den Strunk der Tomaten herausschneiden, die
Haut leicht einritzen und die Tomaten etwa 30
Sekunden in sprudelnd kochendem Wasser blanchieren. Tomaten abschrecken, Haut abziehen und
die Tomaten grob würfeln.

2 EL Olivenöl in einem Topf erhitzen. Schalot-
ten- und Knoblauchwürfel darin farblos anschwitzen. Staudensellerie und Tomaten zufügen, kurz
mit anschwitzen. Den Pulpo-Kochsud durch ein
feines Sieb passieren, davon 1,5 l mit den abge-
tropften Bohnen und dem angebratenen Kalmar
in den Topf geben. Das Ganze mit Salz und Piment
d'Espelette würzen und bei mittlerer Temperatur
etwa 25 Minuten leise köcheln lassen, evtl. noch
etwas Pulpofond oder Wasser zufügen.

Währenddessen die Tentakel des gekochten
Pulpos vom Körperbeutel trennen und in mund-
gerechte Stücke schneiden. Nach Belieben den
Körperbeutel in 1 cm breite Streifen schneiden.

Garnelen bis auf das letzte Panzerglied schälen, Rücken mittig leicht aufschneiden und den darunterliegenden Darm entfernen. Garnelen kalt
abbrausen und trocken tupfen.

Etwa 5 Minuten vor dem Servieren die Garnelen mit Salz und Pfeffer würzen und mit den Pul-
postücken zum Eintopf geben. Petersilie waschen,
trocken schleudern, die Blättchen von den Stielen
zupfen, fein hacken und mit den Oliven zum Eintopf geben. Das Ganze mit Salz, Pfeffer und einem
Spritzer Zitronensaft abschmecken.

Gebratener Zander auf Sauerkraut mit karamellisierten Äpfeln

Ergibt 4 Portionen
Zubereitungszeit: ca. 50 Minuten

–

*Für das Sauerkraut: 2–3 mittelgroße Zwiebeln ·
25 g Butter · 1 große Dose Sauerkraut (800 g) ·
50 ml Weißwein · 150 ml Apfelsaft · 500 ml
Gemüsebrühe · 1 Lorbeerblatt · 1 Nelke ·
5 zerdrückte Pfefferkörner · 5 Wacholderbeeren ·
Salz*

*Für die Zanderfilets: 4 geschuppte Zanderfilets
à 120–150 g, ohne Gräten · Salz, Pfeffer · 2 EL
Sonnenblumenöl · 3 Zweige Thymian · 1 Knoblauchzehe · Fleur de Sel*

*Für die glasierten Äpfel: 2 säuerliche Äpfel ·
2 EL Zucker · 1 EL Butter · 1 Prise Salz*

Für das Sauerkraut Zwiebeln schälen, halbieren
und in feine Streifen schneiden. Butter in einem
Topf erhitzen, darin die Zwiebeln farblos anschwitzen.

Sauerkraut zufügen und mit Weißwein ablöschen. Einmal aufkochen, dann Apfelsaft, Gemüsebrühe und die Gewürze zufügen.

Unter gelegentlichem Umrühren 20 Minuten
leise köcheln lassen.

Währenddessen die Zanderfilets auf Gräten
überprüfen. Die Haut vorsichtig mit einem scharfen Messer oder einer Rasierklinge mehrfach einritzen. Filets beiseite stellen (evtl. nochmals kalt
stellen).

Äpfel waschen, trocken reiben, achteln und
das Kerngehäuse entfernen. Zucker und Butter in
einer großen Pfanne schmelzen, darin die Apfel-
spalten von beiden Seiten bei mittlerer Temperatur
goldgelb karamellisieren und mit einer Prise Salz
würzen. Äpfel bis zum Servieren warm halten.

Kurz vor dem Servieren das Sonnenblumenöl
in eine Teflonpfanne geben, die Zanderfilets mit
der Hautseite nach unten hineinlegen und die
Pfanne erhitzen. Bei dieser Vorgehensweise bleiben die Filets flach in der Pfanne liegen und die
Haut wird gleichmäßig knusprig. Sie eignet sich
jedoch nicht bei sehr dünnen Fischfilets, da diese zu schnell trocken werden. Thymian waschen,
trocken schleudern und zusammen mit dem
Knoblauch zufügen. Sobald die Fischhaut kross ist,
die Filets wenden und etwa 30 Sekunden auf der
Fleischseite anbraten.

Sauerkraut und Äpfel auf vier Teller verteilen,
jeweils eine Portion Zander daraufsetzen, mit
Fleur de Sel würzen und sofort servieren.

Ofenpoularde mit Fächerkartoffeln

Ergibt 4 Portionen
Zubereitungszeit: ca. 20 Minuten
Garzeit: 60–65 Minuten

—

Für die Poularde: 1 küchenfertige Freiland-Poularde à ca. 1,6 kg · Salz, Pfeffer · 2 Bio-Zitronen · 8 Knoblauchzehen · ½ Bund Thymian · 4 Zweige Rosmarin · Backpapier

Für die Fächerkartoffeln: 800 g mittelgroße, mehligkochende Kartoffeln · 40 ml Olivenöl · Salz, Pfeffer · 60 g flüssige Butter · 40 g geriebener Parmesan

Die Poularde innen und außen kalt abbrausen und trocken tupfen. Innen und außen mit Salz und Pfeffer würzen. Zitronen heiß abwaschen und in Scheiben schneiden. Knoblauchzehen schälen und leicht andrücken. Thymian und Rosmarin waschen. Die Poularde mit der Hälfte der Zitronenscheiben, des Knoblauchs und der Kräuter füllen und die Keulen zusammenbinden.

Poularde mit dem Rücken nach unten auf ein mit Backpapier ausgelegtes Backblech legen, die restlichen Zitronenscheiben, Knoblauchzehen und Kräuter darum verteilen.

Das Blech für 20 Minuten auf der unteren Schiene in den auf 200 °C vorgeheizten Backofen (Umluft 180 °C) schieben.

Währenddessen Kartoffeln schälen und waschen. Die Kartoffeln mit einem Messer im Abstand von etwa 2 mm mehrfach ein-, aber nicht durchschneiden. Kartoffeln mit Olivenöl beträufeln und mit Salz und Pfeffer würzen.

Nach 20 Minuten das Blech aus dem Ofen nehmen, die Kartoffeln mit der eingeschnittenen Seite nach oben zufügen und alles weitere 30 Minuten backen. Dann die Kartoffeln mit der flüssigen Butter bepinseln, Parmesan über die Kartoffeln streuen und das Ganze weitere 10–15 Minuten in den Ofen schieben, bis die Poularde goldgelb und knusprig ist.

Um zu testen, ob das Fleisch gar ist, sticht man mit einer Fleischgabel in die dickste Stelle einer Keule, der austretende Fleischsaft soll klar und hell sein.

Poularde 5 Minuten ruhen lassen, Kartoffeln warm halten. Poularde tranchieren und mit den Kartoffeln sofort servieren.

Entenbrust auf Glasnudelsalat mit Teriyakisauce

Ergibt 4 Portionen
Zubereitungszeit: ca. 1 Stunde

—

Für die Teriyakisauce: 50 ml Mirin (süßer Reiswein) · 1 Knoblauchzehe · 100 ml Hühnerbrühe · 5 dünne Scheiben frischer Ingwer · 50 ml Sojasauce · 50 g Zucker · ca. 1 TL Speisestärke zum Binden

Für den Glasnudelsalat: 150 g Glasnudeln · 150 g Bio-Gurke · 2 Karotten, mittelgroß · 1 kleiner Kohlrabi · 1 Stück frischer Ingwer (20 g) · 10 Stiele Koriander · einige feine Streifen einer roten Chilischote · 2 EL Fischsauce · Saft von 1 Limette · 2–4 EL Sesamöl (je nach Intensität des Öls) · 1 TL Puderzucker

Außerdem: 2 Entenbrüste (ca. 700 g) · 1 EL Pflanzenöl · Salz, Pfeffer · 2 EL geröstete Sesamsaat

Für die Teriyakisauce Mirin in einem Topf einmal aufkochen lassen. Knoblauch schälen und leicht andrücken. Hühnerfond, Ingwerscheiben, Knoblauch, 50 ml Wasser, Sojasauce und Zucker zufügen und ca. 2 Minuten köcheln lassen. Sauce durch ein feines Sieb in einen kleinen Topf passieren und zum Kochen bringen. Speisestärke mit etwas Wasser anrühren, die Teriyakisauce damit leicht binden und noch 5 Minuten köcheln lassen. Teriyakisauce bis zum Servieren beiseite stellen.

Für den Glasnudelsalat die Glasnudeln in heißem Wasser etwa 20 Minuten einweichen. Währenddessen Gurke waschen, Karotten, Kohlrabi und Ingwer schälen. Das Gemüse mit einem Gemüsehobel oder mit einem Sparschäler in hauchdünne Scheiben hobeln. Diese Scheiben mit einem scharfen Messer in dünne Streifen schneiden. Ingwer fein würfeln, Koriander waschen, trocken schleudern und hacken.

Die eingeweichten Glasnudeln abtropfen lassen und mit einer Schere in etwa 5–10 cm lange Stücke schneiden. Alle Zutaten in eine Schüssel geben, mit Chilistreifen, Fischsauce, Limettensaft, Sesamöl und Puderzucker mischen und bis zum Servieren ziehen lassen.

Entenhaut vorsichtig mit einem scharfen Messer mehrfach einschneiden. Pflanzenöl in einer Pfanne erhitzen, die Entenbrüste auf beiden Seiten mit Salz und Pfeffer würzen und ca. 1 Minute anbraten. Entenbrüste auf die Hautseite drehen und 12 Minuten in den auf 160 °C vorgeheizten Backofen schieben.

Die Entenbrüste aus dem Backofen nehmen, in Aluminiumfolie wickeln und ca. 5 Minuten ruhen lassen. Teriyakisauce erhitzen.

Zum Servieren den Glasnudelsalat auf vier Teller verteilen, die Entenbrüste in dünne Scheiben schneiden, auf dem Salat anrichten und mit Teriyakisauce beträufeln. Das Ganze mit gerösteter Sesamsaat bestreuen.

Kaninchenkeulen auf Polenta mit Kräuterseitlingen

Ergibt 4 Portionen
Zubereitungszeit: ca. 1 Stunde

–

Für die Kaninchenkeulen: 10 g getrocknete Steinpilze · 4 Kaninchenkeulen · Salz, Pfeffer · 5 EL Olivenöl · 1 Schalotte · 2 Knoblauchzehen · 100 ml Weißwein · 200 ml Hühnerbrühe · 300 g Kräuterseitlinge · 1 EL frische Thymianblättchen · 150 ml Sahne · ½ TL Dijon-Senf

Für die Polenta: 1 Schalotte · 2 Knoblauchzehen · 3 EL Olivenöl · 1 l Hühnerbrühe · 1 Lorbeerblatt · 200 g Polenta Bramata · Salz, Pfeffer · 30 g frisch geriebener Parmesan

Für die Kaninchenkeulen die Steinpilze in kaltem Wasser einweichen.

Für die Polenta Schalotte und Knoblauch schälen und fein würfeln. Olivenöl in einem Topf erhitzen und die Würfelchen darin bei mittlerer Temperatur farblos anschwitzen. Hühnerbrühe und Lorbeer zufügen und zum Kochen bringen. Polentagries unter ständigem Rühren mit einem Schneebesen langsam in die kochend heiße Flüssigkeit einrühren und einmal aufkochen lassen.

Temperatur verringern, sodass die Polenta knapp unter dem Siedepunkt bleibt und nur gelegentlich Blasen wirft. Polenta mit Salz und Pfeffer würzen, Deckel aufsetzen und unter gelegentlichem Umrühren etwa 20–30 Minuten ziehen lassen, evtl. noch etwas Hühnerbrühe oder Wasser angießen. Die Polenta soll eine fließende, cremige Konsistenz erhalten.

Währenddessen Kaninchenkeulen mit Salz und Pfeffer würzen. 2 EL Olivenöl in einem passenden Bräter erhitzen, Kaninchenkeulen darin von allen Seiten bei mittlerer Temperatur anbraten, bis die Keulen ringsum eine schöne Farbe haben. Schalotte und Knoblauch schälen, fein würfeln, zufügen und 2 Minuten mit anschwitzen. Weißwein angießen und aufkochen lassen. Steinpilze aus dem Einweichwasser heben, fein hacken und mit der Hühnerbrühe zufügen. Das Ganze in den auf 180 °C (160 °C Umluft) vorgeheizten Backofen schieben und die Keulen darin ca. 15 Minuten schmoren. Kräuterseitlinge putzen und je nach Größe halbieren oder vierteln.

Kurz vor dem Servieren Kräuterseitlinge in 3 EL Olivenöl in einer breiten Pfanne scharf anbraten, mit Salz, Pfeffer und Thymian würzen.

Den Bräter auf den Herd stellen, Kräuterseitlinge zufügen, Sahne angießen und alles zum Kochen bringen. Die Sauce mit Salz, Pfeffer und Senf abschmecken.

Den geriebenen Parmesan unter die Polenta ziehen.

Polenta auf vier Teller geben, jeweils eine Keule daraufsetzen. Die Schmorsauce und die Pilze darum verteilen.

Pilze

Pilze sind weder Tier noch Pflanze, sie nehmen in der belebten Natur eine Sonderstellung ein. Essbare Pilze schmecken nicht nur gut, sie haben auch ernährungsphysiologische Vorteile. Während Pilzliebhaber das ganze Jahr über frische Zuchtpilze kaufen können, sollten nur Pilzkenner ihre Mahlzeit selbst sammeln.

Viele Gerüchte und Mythen ranken sich um die Pilze. Vermutlich liegt es daran, dass nur einige Arten essbar sind und dass man sich durch Unkenntnis und Leichtsinn mindestens eine tüchtige Magenverstimmung einhandeln kann. Pilzsammler sollten daher nur einwandfreie und einwandfrei erkannte Pilze mit nach Hause nehmen und zubereiten. Im Zweifel helfen die Pilzberatungsstellen weiter, deren Adresse bei den Stadt- oder Gemeindeverwaltungen erhältlich sind.

Wer auf Nummer sicher gehen möchte, kauft frische Zuchtpilze wie Champignons, Shiitake oder Austernpilze. Sie stehen das ganze Jahr über zur Verfügung, sind mit wenig Aufwand zuzubereiten und dazu auch noch frei von Rückständen oder Pestiziden. Da nur sehr wenige Pflanzenschutzmittel für die Pilzzucht zugelassen sind, müssen die Züchter ihre Pilze vor allem durch Hygienemaßnahmen vor Schädlingen schützen. Weil der Anbau in großen Hallen stattfindet, haben auch Umweltgifte keine Chance.

Gelegentlich werden Pilze auch als »Fleisch des Waldes« bezeichnet. Dies ist sicher eine Übertreibung, denn der Eiweißgehalt üblicher Speisepilze liegt zwischen zwei und fünf Prozent, während mageres Fleisch auf etwa 20 Prozent kommt. Doch das Eiweiß der Pilze ist hochwertig zusammengesetzt und macht eine Pilzmahlzeit durchaus nahrhaft. Positiv zu erwähnen ist bei Stein- und Austernpilzen sowie Pfifferlingen noch ihr Ballaststoffgehalt von etwa fünf Prozent. Durch ihren hohen Wassergehalt von rund 90 Prozent liefern Pilze nur 10 bis 15 Kilokalorien pro 100 Gramm und eignen sich daher auch für die ultra-leichte Küche.

Allerdings sind Pilze relativ schwer verdaulich, weil ihre Zellwände aus Chitin bestehen, das von den menschlichen Verdauungssäften nicht abgebaut werden kann. An Vitaminen wären vor allem B1, B2 und D zu nennen. Letzteres ist eine Besonderheit, weil es nur sehr wenige Lebensmittel gibt, die dieses wichtige Vitamin enthalten. Zudem sind Pilze reich an Kalium und Phosphor.

In traditionellen asiatischen Medizinlehren werden auch Pilzzubereitungen empfohlen. Die moderne Forschung fand ebenfalls einige Hinweise auf Pilzinhaltsstoffe, die arzneiliche Wirkungen haben. So konnten in manchen Arten blutdrucksenkende und antibiotische Substanzen nachgewiesen werden. Allerdings kann kein Pilzgericht notwenige Medikamente ersetzen, die zu erwartenden Wirkungen dürften – wie immer bei Lebensmitteln – moderat sein.

Nur Zuchtchampignons, Steinpilze und Austernseitlinge eignen sich zum Rohverzehr. Alle anderen Pilzarten enthalten Substanzen, die die roten Blutkörperchen angreifen. Da diese Stoffe beim Erhitzen zerstört werden, besteht bei gekochten Pilzgerichten überhaupt keine Gefahr.

Übrigens ist die Regel, dass Pilze keinesfalls aufgewärmt werden dürfen, längst überholt. Sie stammt aus einer Zeit, in der noch nicht jeder einen Kühlschrank hatte und Reste schnell verdarben. Werden Pilzgerichte rasch abgekühlt, halten sie sich bei 2 bis 4 °C abgedeckt im Kühlschrank einen oder zwei Tage. Vor dem Verzehr die Pilze aber nicht nur erwärmen, sondern für einige Minuten auf mindestens 70 °C erhitzen.

Schweinekoteletts mit Salbei und gebackenem Butternusskürbis

Ergibt 4 Portionen
Zubereitungszeit: ca. 15 Minuten
Backzeit: 50–55 Minuten
–

Für den gebackenen Butternusskürbis: 1 Butternusskürbis (ca. 1 kg) · 6 Knoblauchzehen · 2 Zweige Rosmarin · grobes Meersalz · Pfeffer · 4 EL Olivenöl · Alufolie

Für die Koteletts: 20 Salbeiblättchen · 4 Schweinekoteletts mit Knochen à ca. 250 g · Salz, Pfeffer · 4 EL Sonnenblumenöl · 2 EL Butter

Butternusskürbis der Länge nach halbieren, Kerne und Fasern entfernen. Knoblauchzehen mit Schale leicht andrücken, Rosmarin waschen und trocken schleudern. Knoblauch, Rosmarin, grobes Meersalz und Pfeffer auf den Schnittflächen des Kürbisses verteilen und mit dem Olivenöl beträufeln. Jede Hälfte in Alufolie einpacken, diese fest verschließen und die Kürbishälften auf einem Backblech in den auf 200 °C (Umluft 180 °C) vorgeheizten Backofen schieben. Nach 40 Minuten testen, ob der Kürbis weich ist, sonst weitere 10–15 Minuten backen.

Etwa 15 Minuten vor dem Servieren die Salbeiblättchen waschen und trocken schleudern.

Schweinekoteletts am Rand leicht einschneiden, damit sich die Koteletts beim Braten nicht wölben. Die Koteletts mit Salz und Pfeffer würzen. 2 EL Sonnenblumenöl in einer großen Pfanne erhitzen, darin 2 Koteletts von beiden Seiten anbraten, bis sie Farbe bekommen (ca. 5 Minuten). Die Hälfte der Salbeiblättchen und 1 EL Butter zufügen, das Ganze 1 Minute weiterbraten, dann die Koteletts mit den Salbeiblättchen auf ein Backblech legen. Mit den restlichen Koteletts genauso verfahren, die gesamten Koteletts für ca. 8 Minuten in den heißen Backofen schieben.

Koteletts auf Teller legen, Salbeiblättchen und Bratfett darübergeben und je ein Viertel des Butternusskürbisses dazugeben.

Lammkarree mit Kichererbsenpüree und Tomatensalsa

Ergibt 4 Portionen
Zubereitungszeit: ca. 1 Stunde

–

*Für das Kichererbsenpüree: 1 kleine Zwiebel ·
2 Knoblauchzehen · 50 ml Olivenöl · 1 Dose Kicher-
erbsen (400 g, Abtropfgewicht 240 g) · 350 ml
Hühnerbrühe · 30 ml frischer Zitronensaft ·
70 g weißes Sesam-Mus (»Tahini«, erhältlich im
Reformhaus) · ½ TL gemahlener Kreuzkümmel ·
Salz, Pfeffer*

*Für das Lammkarree: 2 EL Olivenöl · 2 Lamm-
karrees (mit jeweils 6–8 Koteletts), zimmerwarm ·
Salz · schwarzer Pfeffer aus der Mühle*

*Für die Tomatensalsa: 500 g aromatische Tomaten ·
1 kleine rote Zwiebel · ½ Bund glatte Petersilie ·
1 frische Knoblauchzehe · 4 EL sehr gutes Olivenöl ·
einige dünne Ringe einer roten Chilischote · 1 Prise
Zucker · Salz, Pfeffer*

Außerdem: 8 EL sehr gutes Olivenöl

Für das Kichererbsenpüree Zwiebel und Knoblauch schälen und fein würfeln. 3 EL Olivenöl
in einem Topf erhitzen, darin die Zwiebel- und
Knoblauchwürfelchen farblos anschwitzen. Ki-
chererbsen auf ein Sieb geben, mit klarem Wasser abspülen und in den Topf geben. Das Ganze
mit 250 ml Hühnerbrühe auffüllen. Flüssigkeit fast
vollständig einkochen lassen. Den Inhalt des Top-
fes in ein hohes Gefäß geben, die restliche Brühe
und die übrigen Zutaten zufügen. Alles mit einem
Pürierstab gründlich pürieren, evtl. noch etwas
Hühnerbrühe oder Wasser angießen. Das Püree
soll eine cremige Konsistenz haben. Das Kichererbsenpüree mit Salz, Pfeffer und evtl. noch etwas
Zitronensaft abschmecken, dann in einem Topf
zugedeckt warm stellen.

Für das Fleisch Olivenöl in eine heiße Pfanne
geben. Lammkarrees mit Salz und Pfeffer würzen
und in der Pfanne auf der Fleischseite anbraten.
Die Karrees aufstellen, sodass die Knochen nach
oben zeigen und für ca. 12–15 Minuten auf der
mittleren Schiene in den auf 180 °C vorgeheizten
Backofen (160 °C Umluft) schieben.

Währenddessen die Tomatensalsa zubereiten.
Dafür die Tomaten waschen, vierteln, Kerne entfernen und die Tomatenfilets in feine Würfel
schneiden. Die rote Zwiebel schälen und in sehr
feine Würfelchen schneiden. Petersilie waschen,
trocken schleudern, die Blättchen von den Stielen
zupfen und fein hacken. Knoblauch durchpressen
und alle Zutaten mit 4 EL sehr gutem Olivenöl in
einer Schüssel mischen. Die Salsa mit Salz, Pfeffer
und einer Prise Zucker abschmecken.

Das gebratene Lammkarree aus dem Ofen nehmen, in Aluminiumfolie wickeln und 5 Minuten
ruhen lassen. Dann die Lammkarrees in einzelne
Koteletts schneiden.

Kichererbsenpüree auf vier Teller geben, darauf
Koteletts und Tomatensalsa anrichten und mit jeweils 2 EL sehr gutem Olivenöl beträufeln.

Lamm-Pita

Ergibt 4 Portionen
Zubereitungszeit: ca. 30 Minuten

–

Für die gefüllten Pitas (Fladenbrote): 2 EL Sonnenblumenöl · 400 g Lammhackfleisch · 1 kleiner Kopf Eisbergsalat · ½ Bio-Salatgurke · je 1 rote und grüne Spitzpaprika · 1 kleine rote Zwiebel · 1 EL gerösteter Sesam · 1 TL getrocknete Minze · ½ TL Thymianblättchen · 1 TL Schwarzkümmel · Salz · Cayennepfeffer · 4 halbe Fladenbrote (Pitas)

Für die Joghurtsauce: 1 frische Knoblauchzehe · 400 g Naturjoghurt · 6 EL sehr gutes Olivenöl · Saft von ½ Zitrone · Salz, Pfeffer · 1–2 TL Zucker

Sonnenblumenöl in einer breiten Pfanne erhitzen und darin das Lammfleisch scharf anbraten.

Währenddessen Eisbergsalat in Streifen schneiden, waschen und trocken schleudern.

Bio-Gurke waschen, trocken tupfen und in etwa 2 cm große Würfel schneiden.

Paprikaschoten waschen, trocken tupfen und halbieren. Stiele, Kerne und weiße Innenwände entfernen. Das Fruchtfleisch in mundgerechte Stücke schneiden.

Rote Zwiebel schälen und auf einem Gemüsehobel hauchdünn aufschneiden.

Sesam, getrocknete Minze, Thymian und Schwarzkümmel im Mörser zerstoßen.

Für die Joghurtsauce Knoblauch schälen. Joghurt, Öl, Zitronensaft und durchgepressten Knoblauch verrühren, mit Salz, Pfeffer und Zucker abschmecken.

Das gebratene Fleisch mit Salz und Cayennepfeffer würzen und warm stellen.

Zum Servieren in die Fladenbrote jeweils eine Tasche schneiden. Eisbergsalat, einen Teil der Joghurtsauce, Gurkenwürfel, Paprikastücke und Lammhack in die Taschen füllen, nochmals Joghurtsauce hineingeben und das Ganze mit der Gewürzmischung bestreuen.

Pasta mit Rindfleisch, grünen Bohnen und Gorgonzola

Ergibt 4 Portionen
Zubereitungszeit: ca. 30 Minuten

–

400 g grüne Bohnen · Salz · 400–500 g Nudeln, z. B. Penne oder Rigatoni · 400–500 g Rumpsteak · 1 Schalotte · 3 Knoblauchzehen · 60 g Kürbiskerne · 2 EL Olivenöl · 80 g Gorgonzola · 2–3 EL Sonnenblumenöl · Pfeffer · 1–2 EL Butter · 250–350 ml Rindsbrühe

Grüne Bohnen putzen, waschen und in sprudelnd kochendem Salzwasser etwa 6 Minuten garen. Bohnen abgießen, kalt abschrecken und auf einem Sieb abtropfen lassen.

Für die Nudeln reichlich Wasser mit 1 EL Salz in einem großen Topf zum Kochen bringen und darin die Nudeln nach Packungsangabe al dente kochen.

Währenddessen Rindfleisch in etwa 4 cm lange und 2 cm breite Streifen schneiden.

Schalotte und Knoblauch schälen und fein würfeln.

Kürbiskerne in einer Pfanne bei mittlerer Temperatur im Olivenöl hellbraun rösten.

Gorgonzola in kleine Stücke brechen oder schneiden.

Sonnenblumenöl in einer breiten Pfanne stark erhitzen, darin das geschnetzelte Rindfleisch in zwei Portionen von allen Seiten scharf und kurz anbraten (etwa 3 Minuten). Sobald das Fleisch Farbe bekommen hat, mit Salz und Pfeffer würzen, aus der Pfanne nehmen und beiseite stellen.

Butter, Schalotten und Knoblauch in die Pfanne geben und Farbe nehmen lassen. Rindsbrühe angießen, den Bratansatz loskochen und die Bohnen zufügen.

Die fertig gekochten Nudeln abgießen, zurück in den Topf geben, die Bohnen mitsamt der Brühe zu den Nudeln geben, Fleisch zufügen und alles unter gelegentlichem Umrühren 2 Minuten zusammen im Topf erwärmen.

Die Nudeln mit Salz und Pfeffer abschmecken, evtl. noch etwas Brühe und Butter zufügen.

Alles auf vier Teller verteilen, mit Gorgonzola und Kürbiskernen bestreuen und sofort servieren.

Kalbskotelett mit Chilischalotten und Radicchio-Birnen-Salat

Ergibt 4 Portionen
Zubereitungszeit: ca. 1 Stunde

—

Für die Chilischalotten: 20 Schalotten · ½–1 rote Chilischote · 2 EL Zucker · 4 EL Weißweinessig · 250 ml Gemüsebrühe · 1 Lorbeerblatt · Salz · 1 EL Butter

Für die Kalbskoteletts: 4 Kalbskoteletts à ca. 400 g · 4 EL Olivenöl · Salz, Pfeffer · Alufolie

Für den Radicchio-Birnen-Salat: 1 mittlerer Radicchio · 2 EL Apfelbalsamico, ersatzweise Weißweinessig · ½ TL Senf · 1 EL Ahornsirup · Salz, Pfeffer · 4 EL Traubenkernöl, ersatzweise Sonnenblumenöl · 2 EL sehr gutes Olivenöl · 2 reife Birnen

Für die Chilischalotten die Schalotten schälen, dabei möglichst wenig von der Wurzel abschneiden, sodass die Schalotten beim Garen zusammenhalten. Chilischote waschen, Stiel und Kerne entfernen und nach Belieben das Fruchtfleisch der halben oder ganzen Schote in feine Ringe schneiden.

Zucker in einem Topf hellbraun karamellisieren lassen. Weißweinessig, Gemüsebrühe, Schalotten, Chili und Lorbeer zufügen, mit Salz würzen und das Ganze unter gelegentlichem Rühren bei geringer Temperatur ca. 30 Minuten leise köcheln lassen.

Währenddessen die Koteletts mit Olivenöl einreiben, mit Salz und Pfeffer würzen und in eine aufgeheizte Grillpfanne legen. Die Koteletts von beiden Seiten jeweils 3 Minuten grillen, dann auf ein Backblech setzen und im auf 160 °C vorgeheizten Backofen 15 Minuten backen. Die Koteletts in Alufolie wickeln und 5 Minuten ruhen lassen.

Für den Salat den Strunk des Radicchios mit einem kleinen, spitzen Messer herausschneiden, die äußeren Blätter entfernen. Die restlichen Blätter lösen, in grobe Stücke zupfen, waschen und trocken schleudern. Für die Vinaigrette Apfelbalsamico mit Senf, Ahornsirup, Salz und Pfeffer verrühren. Traubenkern- und Olivenöl unterrühren und abschmecken.

Sobald die Schalotten weich sind (Messerprobe), die Butter zugeben und den Sud unter Rühren sirupartig einkochen lassen.

Kurz vor dem Servieren Birnen waschen, vierteln, Kerngehäuse entfernen und die Viertel in dünne Scheiben schneiden. Radicchio und Birnenspalten in einer Schüssel vorsichtig mit der Vinaigrette mischen. Radicchio-Birnen-Salat zu den gegrillten Koteletts und Chilischalotten servieren.

Fleisch

—

Nicht wenige Ernährungsexperten raten zur Zurückhaltung bei tierischen Lebensmitteln. So wird auch das einst als »Stück Lebenskraft« beworbene Fleisch heute kritischer gesehen. Doch selbst wenn die Fleischkritiker es immer wieder beschwören, es gibt bis heute keinen Beleg dafür, dass Fleischgenuss per se ein Gesundheitsrisiko darstellt. Weder das Cholesterin noch das tierische Eiweiß erwiesen sich als schädlich. Im Gegenteil: Immer mehr Studien zeigen, dass eine reichliche Eiweißversorgung nicht nur günstig für die Cholesterin- und Fettwerte im Blut ist, sondern auch beim Abnehmen hilft. Denn Eiweiß sättigt von allen Nährstoffen am besten und regt die Wärmebildung des Körpers am stärksten an. Hinzu kommt, dass Kinder hochwertiges Eiweiß zum Wachsen brauchen.

Guter Nährstoff-Mix

Fleisch liefert eine Reihe wichtiger Mineralien wie Eisen für die Blutbildung und die Sauerstoffversorgung des Körpers, Zink für schöne Haut und eine leichte Wundheilung sowie Selen fürs Immunsystem und die Schilddrüse. Das Besondere an Fleisch und anderen tierischen Lebensmitteln ist, dass die Mineralstoffe und Spurenelemente in einer für den Körper besonders gut verwertbaren Form vorliegen. Ein Beispiel ist das Eisen: Während der Körper nur 2 bis 7 Prozent des Eisens aus pflanzlichen Lebensmitteln aufnehmen kann, sind es beim Eisen aus Fleisch gut 20 Prozent, also das Drei- bis Zehnfache.

Auch für die Vitaminzufuhr ist Fleisch bedeutsam. Vitamin A für gesunde Augen und Schleimhäute sowie Vitamin B12 für die Blutbildung und eine geregelte Zellteilung kommen sogar ausschließlich in tierischen Lebensmitteln vor. Fleisch liefert darüber hinaus nennenswerte Mengen an B1, B2 und B6, die wir für die Energiegewinnung und den Stoffwechsel von Eiweiß, Fett und Kohlenhydraten benötigen. Innereien liefern sogar Vitamin C und Folsäure, zwei Vitamine, die man sonst fast nur in Pflanzenkost findet.

Fleischfett: Die Menge wird über-, die Qualität unterschätzt

Wer beim Geflügel die Haut mit verzehrt, vom Schwein am liebsten den Bauch und vom Rind eher die durchwachsenen Stücke bevorzugt, der nimmt auch reichlich Fett auf. Ebenso, wer gerne Salami oder Streichwurst mag. Doch das schiere Fleisch, wie Schnitzel, Filet oder Lende, ist ein fett- und kalorienarmes Lebensmittel. Die mageren Stücke enthalten nur 1 bis 5 Prozent Fett und liefern nur 100 bis 120 Kilokalorien pro 100 Gramm – egal, ob Huhn, Schwein, Rind oder Pute.

Auch was die Fettqualität angeht, wird das Fleisch oft falsch eingeschätzt, denn Fleischfett liefert keinesfalls nur gesättigte Fettsäuren. Das Fett in den feinen Äderchen marmorierter Teilstücke besteht zu einem großen Teil aus den gesundheitlich günstigen ungesättigten Fettsäuren wie Öl- und Linolsäure. Das Fleisch von Tieren aus Weidehaltung ist zwar insgesamt magerer als bei Stallhaltung, es enthält jedoch größere Mengen an günstigen Omega-3-Fetten.

Keine Frage – man kann sich mit und ohne Fleisch gesund ernähren. Mit Fleisch ist es einfacher, vor allem für Kinder. Weil Fleisch ein so guter Nährstofflieferant ist, braucht man keine großen Mengen davon. Und weil Fleischessen heute mehr denn je auch mit Fragen der Tierhaltung und des Umweltschutzes verbunden ist, wollen Auswahl, Herkunft und Menge wohl überlegt sein.

Rinderfilet mit gegrillten Steinpilzen

Ergibt 4 Portionen
Zubereitungszeit: ca. 30 Minuten

—

800 g sauber pariertes Rinderfilet am Stück (Mittelstück) · Salz, Pfeffer · 2 EL Sonnenblumenöl · 1 EL Butter · 300–400 g Steinpilze (topfrisch und fest) · 3–4 EL Olivenöl · 4 Stiele glatte Petersilie · Fleur de Sel · 1 EL alter Balsamico-Essig (ersatzweise Balsamico mit etwas Zucker verrührt) · 4 EL sehr gutes Olivenöl

Außerdem: *Alufolie*

Rinderfilet mit Salz und Pfeffer würzen und in einer passenden Pfanne im Sonnenblumenöl bei mittlerer Temperatur von allen Seiten anbraten (6–8 Minuten). Butter zufügen und aufschäumen lassen, das Fleisch darin wenden und für ca. 20 Minuten in den auf 180 °C (Umluft 160 °C) vorgeheizten Backofen schieben, währenddessen zweimal wenden.

Steinpilze putzen, der Länge nach halbieren und verwurmte Stellen entfernen. Die Pilze dünn mit Olivenöl einpinseln.

Petersilie waschen, trocken schleudern und die Blättchen von den Stielen zupfen.

Das gebratene Rinderfilet aus dem Ofen nehmen, in Alufolie wickeln und 5–10 Minuten ruhen lassen. Eine Grillpfanne stark erhitzen, die Pilze mit Pfeffer würzen und in die Pfanne geben. Die Pilze von beiden Seiten jeweils etwa 30–60 Sekunden grillen, anschließend mit Fleur de Sel würzen.

Petersilienblättchen mit Balsamico, sehr gutem Olivenöl, Fleur de Sel und Pfeffer anmachen.

Rinderfilet in vier Portionen schneiden und auf Teller legen. Steinpilze und Petersilienblättchen darauf anrichten und alles sofort servieren.

Pikanter Bananen-Ananas-Salat

Ergibt 4 Portionen
Zubereitungszeit: ca. 20 Minuten
Abkühlzeit: ca. 30 Minuten

–

50 ml neutrales Pflanzenöl, z. B. Distelöl · 1 TL Currypulver · abgeriebene Schale und Saft von 1 Bio-Limette · 75 ml frisch gepresster Orangensaft · ½ Ananas (längs halbiert) · 1 Stück frischer Ingwer (10 g) · 2 EL Honig · 3 Bananen (jeweils ca. 220 g) · Zitronenmelisse zum Garnieren

Pflanzenöl, Currypulver und Limettenschale leicht erhitzen, vom Herd ziehen und abkühlen lassen.

Orangensaft in einem kleinen Topf auf 30 ml einkochen, anschließend abkühlen lassen.

Die beiden Enden der Ananas entfernen, Schale mit einem Sägemesser abschneiden, eventuelle Samenansätze herausschneiden. Den Strunk herausschneiden und die so vorbereitete Ananas in etwa 1 cm dünne Scheiben schneiden.

Ingwer schälen, fein reiben und mit Limettensaft, Orangensaft, Honig und Curryöl zu einer Vinaigrette verrühren.

Kurz vor dem Servieren die Bananen schälen und in Scheiben schneiden. Ananas und Bananen auf Teller verteilen, mit der Vinaigrette beträufeln und mit Zitronenmelisse garnieren.

Frittierte Holunderblüten mit Weißwein-Sabayon

Ergibt 4 Portionen
Zubereitungszeit: ca. 40 Minuten

–

12–16 mittelgroße Holunderblütendolden · 1 Ei ·
100 g Mehl · 250 ml Sekt · 1 Prise Salz · 1,5 l
Sonnenblumenöl zum Frittieren · Puderzucker
zum Bestäuben

Für die Sabayon: *120 ml Weißwein · 2 Eigelb ·*
2 EL Zucker · 1 Spritzer Zitronensaft

Holunderblütendolden auf Insekten kontrollieren
und über dem Spülbecken vorsichtig ausschütteln.
Sollten Insekten anhaften, die Dolden in kaltem
Wasser kurz waschen, anschließend auf Küchenpapier nebeneinander ausbreiten und vollständig
trocknen lassen. (Durch das Waschen geht viel
Aroma verloren, es wäre also schön, wenn man es
vermeiden könnte.)

Ei trennen. Eigelb, Mehl und Sekt verrühren
und 10 Minuten quellen lassen.

Währenddessen für die Sabayon Weißwein in
einem kleinen Topf zum Kochen bringen. Eigelbe
mit Zucker und einem Spritzer Zitronensaft in einer Schüssel verrühren und auf ein heißes Wasser-
bad stellen. Unter ständigem Rühren den kochend
heißen Weißwein langsam zu den Eigelben gießen
und das Ganze kräftig aufschlagen. Sobald die Sabayon andickt, die Schüssel auf ein kaltes Wasser-
bad setzen und weiterschlagen, bis die Sabayon
kalt ist. Sabayon bis zum Servieren beiseite stellen.

Eiweiß mit einer Prise Salz steif schlagen und
vorsichtig unter den Ausbackteig heben. Öl in einem hohen Topf erhitzen. Die Holunderblüten
durch den Backteig ziehen, kurz abtropfen lassen
und im heißen Fett hellbraun ausbacken. Die frittierten Blüten im auf 100 °C vorgeheizten Backofen warm stellen, bis alle Dolden ausgebacken
sind. Dann sofort mit Puderzucker bestäuben. Sabayon nochmals kurz aufschlagen und alles zusammen servieren.

Kirschclafoutis

Ergibt 4 Portionen
Zubereitungszeit: ca. 30 Minuten
Backzeit: 30–35 Minuten

—

*700 g frische Sauerkirschen, ersatzweise 600 g
aufgetaute und abgetropfte TK-Sauerkirschen ·
80 g Butter + weiche Butter für die Förmchen · 75 g
Mehl · 100 g braunen Zucker + Zucker für die
Förmchen · 150 g Mandeln, gemahlen und geröstet ·
Salz · 2 Tropfen natürliches Bittermandelöl ·
abgeriebene Schale von ½ Bio-Zitrone · Mark
von 1 Vanilleschote · 2 Eier · 150 ml Milch · Puderzucker zum Bestäuben*

***Außerdem:** 4 kleine, flache Auflauf- oder Back-
formen (ca. 250 ml Inhalt)*

Kirschen entsteinen. 80 g Butter in einem kleinen
Topf bräunen und etwas abkühlen lassen.

Mehl, Zucker, Mandeln, 1 Prise Salz, Bittermandelöl, Zitronenschale und Vanillemark in einer
Rührschüssel mit einem Schneebesen mischen.

Die Förmchen buttern, mit Zucker ausstreuen.

Eier, Milch und die zerlassene Butter ebenfalls
mischen und mit dem Schneebesen unter die
Mehlmischung rühren. Teig in die Förmchen
gießen und Kirschen gleichmäßig darauf verteilen.

Im auf 190 °C vorgeheizten Backofen 30–35 Minuten backen. Leicht abkühlen lassen, mit Puderzucker bestreuen und den Clafoutis am besten
warm servieren.

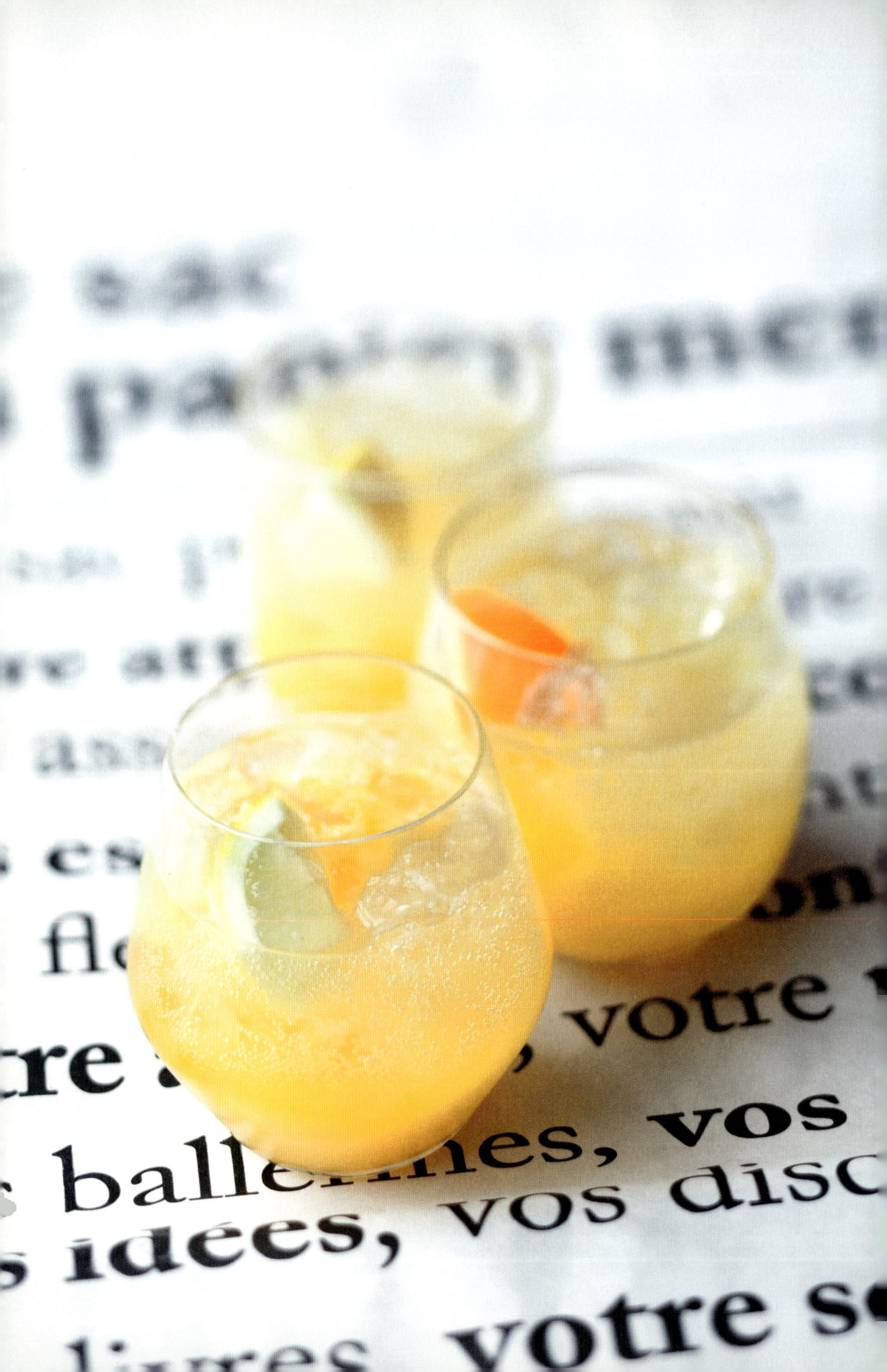

votre
vos
vos
idées,
votre

Orangenlimonade

Ergibt 1,3 l
Zubereitungszeit: ca. 20 Minuten

–

500 ml frisch gepresster Orangensaft · 150 ml frisch gepresster Zitronensaft · 50–80 g Zucker · 600 ml gekühltes Mineralwasser · Crushed-Ice · grob geschnittene Bio-Orangen- und Bio-Zitronenwürfel

Orangen- und Zitronensaft sowie Zucker in einem Topf zum Kochen bringen. Anschließend durch ein feines Sieb passieren und vollständig abkühlen lassen. Kalt stellen und direkt vor dem Servieren in einer Karaffe mit eisgekühltem Mineralwasser auffüllen.

Nach Belieben Crushed-Ice, Orangen- und Zitronenwürfel in vorbereitete Gläser füllen und diese mit der Orangenlimonade aufgießen.

Zitrusfrüchte

—

Typisch für Zitrusfrüchte ist ihre einzigartige innere Struktur: Das Fruchtfleisch ist in einzelne, von einer dünnen Haut umgebene Segmente unterteilt, die prall gefüllt sind mit kleinen Saftschläuchen. Die meist dicke Schale ist gespickt mit Drüsen, die ätherische Öle enthalten. Auf der Schale befindet sich noch eine dünne Wachsschicht, die die Früchte vor Krankheitserregern und vor dem Austrocknen schützt. Daher sind sie gut lagerfähig, selbst bei Zimmertemperatur halten sie ein, zwei Wochen lang.

Die kleinsten Vertreter der Zitrusfrüchte sind Kumquats, die man komplett mit der bitteren Schale isst. Sie dürfen daher nicht mit Konservierungsmitteln oder Wachs behandelt werden. Am anderen Ende der Größenskala finden sich die bis zu drei Pfund schweren Pampelmusen, Pummelos oder Pomelos, die wegen der lederartigen Haut zwischen ihren Fruchtsegmenten allerdings weniger beliebt sind. Intensiver und fruchtiger schmecken Grapefruits, eine natürliche Kreuzung aus Pampelmusen und Orangen. Heute liefern die USA zwei Drittel der Weltjahresernte, vor allem die kernlosen und die süßen rosafarbenen Grapefruits. Aus Israel stammen die Sweeties, eine Kreuzung aus Grapefruit und Pomelo, die unter ihrer dicken grünen Schale ein saftiges, süßes Fruchtfleisch beherbergen.

Die Schalenfarbe sagt bei Zitrusfrüchten nicht viel über den Reifegrad aus, denn sie wird von den Nachttemperaturen beeinflusst. Da Verbraucher aber gelbe Zitronen und orangefarbene Apfelsinen erwarten, werden grüne Früchte nach der Ernte begast, damit sie nachfärben. Eine Ausnahme sind die Limetten aus Brasilien und Mexiko. Sie sind runder als Zitronen, haben eine dünnere Schale und werden grundsätzlich grün geerntet – obwohl sie auch gelb würden, ließe man sie länger hängen.

Im 18. Jahrhundert wurde die Süßlimette berühmt, weil sie durch ihr Vitamin C manchem Matrosen auf langer Reise das Leben rettete. Eng mit der Limette verwandt ist die vermutlich aus Indien stammende Zitrone. Sie gelangte 1150 nach Spanien und 1493 mit Kolumbus nach Haiti. Heute gibt es über hundert Sorten. Aufgrund ihres sauren Geschmacks werden Zitronen eher als würzende Zutat verwendet. Besonders süß schmecken dagegen Mandarinen, die sich zudem gut schälen lassen. Heute dominieren kernlose Arten wie Clementinen und Satsumas. Frische Mandarinen erkennt man daran, dass sich zwischen Schale und Fruchtfleisch noch kein Hohlraum gebildet hat.

Die beliebteste Zitrusfrucht ist die Apfelsine. Der »Apfel aus China« gelangte durch portugiesische Händler nach Europa. Heute werden auf sechs Kontinenten etwa 100 Milliarden Orangen jährlich geerntet. Gut die Hälfte wächst in den Großplantagen Brasiliens, Floridas und Kaliforniens.

Was macht die Zitrusfrüchte so begehrt? Neben ihrer guten Lagerfähigkeit und ihrer Geschmacksvielfalt ist es natürlich ihr Vitamin-C-Reichtum. Zwar erkrankt heute kaum jemand an Vitamin-C-Mangel, doch sei daran erinnert, dass es frisches Obst und Gemüse noch nicht lange ganzjährig gibt. Eine frische Orange oder einige Mandarinen boten noch Mitte des letzten Jahrhunderts eine gute Vitaminration für den Winter.

Der größte Feind der Zitrusfrüchte sind Schimmelpilze. Deswegen werden die Schalen und teilweise auch die Einwickelpapiere von konventionell angebauten Früchten mit deklarationspflichtigen Antipilzmitteln behandelt. Die Schalen von solchen Früchten sollten weder verzehrt noch für Mixgetränke verwenden werden. Dafür gibt es als »unbehandelt« ausgewiesene Früchte und Bioware.

ABENDS

Grüne Minestrone und Pesto-Crostini

Ergibt 4 Portionen
Zubereitungszeit: ca. 70 Minuten

–

Für die Suppe: 1 kg Dicke Bohnen · Salz · 1 kleine Zwiebel · 2 Knoblauchzehen · 2 Stangen Staudensellerie · 2–3 kleine Zucchini · 1 kleiner Brokkoli · 100 g grüne Bohnen · 100 g Wachsbohnen · 3 EL Olivenöl · Pfeffer · 1,5 l Gemüsebrühe · 1 Lorbeerblatt · 1 Stück Bio-Zitronenschale, ca. 3 cm lang · 50 g junger Blattspinat · 2 EL gehacktes Bohnenkraut · 1 EL gehackte Petersilie · Pfeffer aus der Mühle

Für das Tomaten-Pesto: 100 g getrocknete Tomaten (selbst gemacht, s. »Ofentomaten« S. 104), ersatzweise ein gutes Fertigprodukt (in Öl) · 50 g Parmesan · 100 ml sehr gutes Olivenöl · Salz, Pfeffer

Außerdem: 12 dünne Scheiben Baguettebrot · 6 EL Olivenöl · Thymian zum Garnieren

Dicke Bohnen aus den Schoten palen. Reichlich Salzwasser zum Kochen bringen. Dicke Bohnen ins Wasser geben, 3 Minuten blanchieren, abgießen, kalt abschrecken und auf ein Sieb geben. Die Häutchen der Dicken Bohnen mit den Fingern öffnen und die Bohnenkerne vorsichtig aus der Hülle drücken.

Zwiebel und Knoblauch schälen, Staudensellerie mit einem Sparschäler schälen und waschen. Zwiebel fein würfeln, Knoblauch und Staudensellerie in dünne Scheiben schneiden. Zucchini waschen und Enden entfernen. Zucchini der Länge nach vierteln und in grobe Würfel schneiden. Brokkoli in einzelne Röschen teilen und waschen, den Stiel schälen und würfeln. Grüne Bohnen und Wachsbohnen putzen, waschen und halbieren.

Olivenöl in einem Topf erhitzen. Zwiebel, Knoblauch und Staudensellerie bei mittlerer Temperatur farblos anschwitzen. Bohnen zufügen und ebenfalls anschwitzen und mit Salz und Pfeffer würzen.

Nach ca. 3 Minuten Gemüsebrühe angießen, Lorbeer und Zitronenschale zufügen und alles leise kochen lassen, bis die Bohnen al dente sind (10–15 Minuten). Dann die Brokkolistiele zufügen, nach weiteren 5 Minuten Brokkoliröschen, nach weiteren 3 Minuten Zucchini und Dicke Bohnenkerne zufügen und alles zusammen weitere 5 Minuten köcheln lassen.

Währenddessen für das Pesto alle Zutaten in einem Mixer fein pürieren, mit wenig Salz und Pfeffer abschmecken.

Spinat verlesen, waschen und auf einem Sieb abtropfen lassen.

Kurz vor dem Servieren Baguettescheiben mit Olivenöl beträufeln und in einer Pfanne bei mittlerer Temperatur von beiden Seiten goldbraun rösten. Crostini aus der Pfanne nehmen und mit Pesto bestreichen. Die Crostini mit Thymianblättchen garnieren.

Spinatblättchen, Bohnenkraut und Petersilie zur Minestrone geben, Zitronenschale entfernen und die Suppe mit Salz und frisch gemahlenem Pfeffer abschmecken. Minestrone in tiefe Teller oder Schälchen füllen und mit den Pesto-Crostini servieren. Die Crostini können nach Belieben in die Suppe eingetunkt werden.

Orientalische Rote-Bete-Suppe mit Hackfleisch-Wantans

Ergibt 4 Portionen
Zubereitungszeit: ca. 85 Minuten

–

500 g Rote Bete · Salz · 100 g Hirse · 1 kleine Zwiebel · 2 Karotten · 2 EL Olivenöl · 1 Prise Zimt · 2 Lorbeerblätter · 1 TL Raz el Hanout (ersatzweise ¼ TL gemahlener Kreuzkümmel, 1 Prise Curry und etwas geriebene Muskatnuss) · einige dünne Ringe einer roten Chilischote · 1–1,3 l Rindsbrühe · 2 EL Rotweinessig · Pfeffer · evtl. 1 Prise Zucker

Für die Wantans: 1–2 Knoblauchzehen · 250 g Rinderhackfleisch · ½ TL Raz el Hanout (ersatzweise s. oben) · Salz, Pfeffer · 24 aufgetaute Wantanblätter

Außerdem: 8 EL Naturjoghurt · ¼ TL gemahlener Kreuzkümmel · Salz, Pfeffer · 2 TL Schwarzkümmel

Rote Bete waschen und in leicht gesalzenem Wasser ca. 40 Minuten weich kochen.

Währenddessen Hirse mehrfach in einer Schüssel mit kaltem Wasser waschen und abgießen. Hirse nach Packungsangabe in leicht gesalzenem Wasser kochen, dann beiseite stellen.

Zwiebel und Karotten schälen. Zwiebel fein würfeln, Karotten in grobe Würfel oder Scheiben schneiden.

Olivenöl in einem Topf erhitzen, darin Zwiebel und Karotten farblos anschwitzen. Zimt, Lorbeer, Raz el Hanout und Chili zufügen, kurz mit anschwitzen, dann mit Rindsbrühe aufgießen und 15 Minuten leise köcheln lassen.

Die fertig gekochten Rote-Bete-Knollen abgießen, kalt abschrecken, schälen und in 2–3 cm große Würfel schneiden. Rote Bete und Rotweinessig in die Suppe geben und weitere 15 Minuten köcheln lassen.

Währenddessen für die Wantans Knoblauch schälen und durchpressen. Rinderhackfleisch mit Knoblauch, Salz, Pfeffer und Raz el Hanout würzen. Die aufgetauten Wantanblätter nebeneinander ausbreiten und mit Wasser dünn bepinseln. Hackfleisch mittig auf den Wantans verteilen und die Blätter über der Füllung wie ein Säckchen zusammenfassen und fest zusammenpressen.

Wasser mit etwas Salz in einem Topf zum Kochen bringen. Kurz vor dem Servieren die Wantans im Salzwasser 2 Minuten kochen.

Suppe mit Salz, Pfeffer, evtl. Zucker und etwas Rotweinessig abschmecken. Suppe und Hirse in tiefe Teller oder Schälchen verteilen.

Joghurt mit Kreuzkümmel, Salz und Pfeffer würzen und pro Portion jeweils 2 EL davon in die Suppe geben. Schwarzkümmel darüberstreuen und die Wantans dazu servieren.

Kartoffelsuppe mit Pfifferlingen und Speck

Ergibt 4 Portionen
Zubereitungszeit: ca. 50 Minuten

—

100 g Lauch (nur das Weiße) · 1 Knoblauchzehe · 700 g Kartoffeln · 30 g Butter · 1 EL getrocknetes Pilzpulver, vorzugsweise von Pfifferlingen oder Steinpilzen · 1,2–1,5 l Hühner- oder Gemüsebrühe · 150 g Pfifferlinge · 70 g geräucherter durchwachsener Speck · 1 TL + 2 EL Sonnenblumenöl · 200–250 ml Sahne · Salz, Pfeffer · 1 Spritzer Zitronensaft · 2 EL Schnittlauchröllchen

Lauch waschen und in feine Ringe schneiden. Knoblauch schälen und in Scheiben schneiden. Kartoffeln schälen, waschen und in etwa gleich große Würfel schneiden.

In einem Topf bei mittlerer Temperatur 30 g Butter schmelzen, Lauch und Knoblauch darin anschwitzen. Kartoffeln zufügen und 1 Minute mit anschwitzen. Pilzpulver zufügen, Brühe angießen, zum Kochen bringen und das Ganze 25 Minuten leise köcheln lassen.

Währenddessen Pfifferlinge putzen, kurz in reichlich kaltem Wasser waschen, abtropfen lassen und auf Küchenpapier oder einem sauberen Küchentuch zum Trocknen ausbreiten. Speck in Streifen schneiden. In einer Pfanne 1 TL Sonnenblumenöl erhitzen, darin die Speckstreifen bei mittlerer Temperatur knusprig ausbraten und warm stellen.

150 ml Sahne zur Kartoffelsuppe gießen, alles erneut aufkochen und 5 Minuten köcheln lassen. Alles mit einem Pürierstab fein pürieren. Suppe mit Salz und Pfeffer abschmecken.

Das restliche Sonnenblumenöl in einer Pfanne erhitzen, die Pfifferlinge darin 2–3 Minuten scharf anbraten und mit Salz, Pfeffer und Zitronensaft würzen.

Suppe in tiefe Teller oder Schalen füllen, mit Speck, Pfifferlingen und Schnittlauch bestreuen und mit der restlichen Sahne beträufeln. Sofort servieren.

Kartoffeln

Auch wenn eine »deutsche« Speisekarte heute ohne Pommes frites (die in Belgien erfunden wurden), Salz- oder Bratkartoffeln unvorstellbar wäre: Es dauerte lange, bis die Pflanze, die vor rund 300 Jahren aus der neuen Welt zu uns kam, zum Grundnahrungsmittel avancierte. Der Legende nach verdarben sich einige der Erst-Importeure den Magen, weil ihnen niemand verraten hatte, dass das Kraut der Kartoffel giftig und nur die Knolle genießbar ist.

Um 1720 brachten Pfälzer Einwanderer die »Krumbiere« nach Berlin, wo man sie bis dahin nur als Zierpflanze kannte. Noch 1766 aß ein echter Berliner lieber die gewohnten Hülsenfrüchte, und das preußische Gesinde musste unter Strafandrohung gezwungen werden, Kartoffeln zu essen. Nur mit Druck von oben gelang es Friedrich dem Großen, die Kartoffel in die Kochtöpfe seiner Untertanen zu verfrachten.

Apropos Kochtöpfe: Dass wir unsere Kartoffeln heute nur 20 zu Minuten kochen brauchen, um sie genießbar zu machen, ist der Erfolg langer Züchtung. Damit ist es gelungen, den Gehalt an Abwehrstoffen zu vermindern. Denn die Wildformen unserer Kartoffeln waren streitbare Kreaturen, die sich mit einem ganzen Arsenal an Abwehrstoffen gegen Fraßfeinde zur Wehr setzten. Weniger Abwehrstoffe bedeutet jedoch eine höhere Anfälligkeit der Pflanze, sie braucht dann den Schutz des Menschen und seiner Mittel. Erhöhen die Züchter die natürliche Resistenz der Pflanzen, steigt der Gehalt an Abwehrstoffen. Weil einige von ihnen auch beim Menschen wirken, musste manche neue Sorte wieder vom Markt genommen werden.

Der bekannteste Abwehrstoff der Kartoffel heißt Solanin. Er schützt die Pflanze vor Insekten, kann aber auch beim Menschen Bauchschmerzen und Krämpfe auslösen. Um die Wildkartoffeln zu entgiften und als Nahrungsmittel überhaupt nutzen zu können, mussten die Andenvölker komplizierte Verarbeitungstechniken entwickeln. Auch unsere heutigen Kartoffeln enthalten noch Solanin, allerdings sehr, sehr viel weniger als ihre wilden Vorfahren. Das Gift sitzt vorwiegend in den grünen Stellen, in Keimen und Augen. Der Solaningehalt der Schale steigt jedoch erst bei der Lagerung. Frisch geerntete, unverletzte Knollen kann man daher bedenkenlos mit der dünnen Schale verspeisen. Sind die Knollen älter und die Schale fester, gibts Pellkartoffeln.

Nach längerer Lagerzeit ist der Solaningehalt höher, sodass man sie vor dem Kochen schält und als Salzkartoffel serviert. Wer sich um die Vitamine sorgt, kann beruhigt sein, denn die finden sich nicht in, sondern unter der Schale, sodass die Verluste bei dünnem Schälen nicht sehr hoch sind. Das Solanin ist hitzebeständig und wird beim Kochen nicht zerstört. Es geht ins Kochwasser über. Es ist also kein Zufall, dass wir beim Abgießen der Kartoffeln das Kochwasser wegschütten, während die Brühe anderer Gemüse für Suppen oder Saucen Verwendung findet.

Was hat die Kartoffel außer Kohlenhydraten und ein paar Ballaststoffen noch zu bieten? Etwas Eiweiß, reichlich Kalium, ein bisschen Eisen und Magnesium und eine Reihe von Vitaminen wie Vitamin C, Folsäure und ein paar andere B-Vitamine. Alles in allem also ein Cocktail, der sich sehen lassen kann. Zumal sich die Kartoffel gut mit anderen Eiweißträgern wie Ei oder Quark ergänzt. Das ist ideal für Vegetarier. Durch die Nährstoffbrille betrachtet, entpuppt sich ein einfaches Gericht wie Pellkartoffeln mit Kräuterquark als Highlight. Schade nur, dass der Geschmack der Knollen so manches Mal zu wünschen übrig lässt. Es lohnt sich jedenfalls, die verschiedenen Sorten auszuprobieren, um seine Lieblingsknolle zu entdecken.

Asiatische Fischsuppe

Ergibt 4 Portionen
Zubereitungszeit: 30–35 Minuten
–

*1,5 l Fischfond · 1 Stück frischer Ingwer (25 g) ·
3 Kaffir-Limettenblätter · einige feine Ringe einer
Chilischote · 3 EL Sojasauce · 1 EL Fischsauce ·
Saft von 1 Limette · 1 TL Zucker · 80 g Minimais ·
½ kleiner Kohlrabi · 1 Karotte · 80 g Zuckerschoten · 40 g Sojasprossen · 400 g Fischfilet nach
Belieben, ohne Haut und ohne Gräten · ½ Bund
frischer Koriander*

Fischfond in einem Topf zum Kochen bringen. Ingwer schälen und in hauchdünne Scheiben schneiden. Kaffir-Limettenblätter gründlich
waschen und mit Ingwer, Chili, Sojasauce, Fischsauce, Limettensaft und Zucker in die kochende
Brühe geben, Temperatur herunterschalten und
den Fischfond ziehen lassen.

Minimais waschen und der Länge nach vierteln.
Kohlrabi und Karotte schälen und auf einem
Gemüsehobel in hauchdünne Scheiben schneiden, diese Scheiben von Hand in dünne Streifen
schneiden.

Zuckerschoten putzen, waschen und quer halbieren.

Sojasprossen waschen und abtropfen lassen.

Fischfilet in 2 cm große Würfel schneiden.

Koriander waschen, trocken schleudern und
mit den Stielen grob hacken.

Das gesamte Gemüse in den Fischfond geben
und zum Kochen bringen. Nach etwa 2 Minuten
Fischwürfel und Koriander zufügen, einmal ganz
kurz aufwallen lassen, Topf vom Herd ziehen und
mit einem Deckel schließen. Nach 3 Minuten sollte der Fisch gar (aber nicht trocken!) sein. Suppe
mit Sojasauce, evtl. einer Prise Zucker und etwas
Limettensaft abschmecken, in Schalen oder tiefe
Teller füllen und sofort servieren.

Misosuppe mit Garnelentempura

Ergibt 4 Portionen
Zubereitungszeit: ca. 45 Minuten
–

Für das Garnelentempura: *150 g Tempuramehl ·*
150 ml Eiswasser · 8 Garnelen, ohne Kopf, Größe
16/20 · Salz, Pfeffer · 0,75 l Frittieröl

Für die Misosuppe: *15 g Wakame (japanische*
Algenart) · helle Misopaste für 1,2 l Flüssigkeit ·
einige fein geschnittene Ringe einer roten Chili-
schote · 2 EL Sojasauce · 2 EL Reisessig ·
120 g Sobanudeln (Buchweizennudeln) · 200 g
Seidentofu (ersatzweise Tofu) · 2 Frühlings-
zwiebeln · 4 EL fein geriebener weißer Rettich

Für das Garnelentempura Tempuramehl mit Eiswasser verrühren. Garnelen bis auf das letzte
Panzerglied schälen, den Rücken mittig leicht
aufschneiden und den darunterliegenden Darm
entfernen.

Für die Misosuppe Wakame 15 Minuten in kaltem Wasser einweichen, abgießen und in mundgerechte Stücke schneiden. Misopaste in 1,2 l kochendes Wasser rühren. Chili zufügen und die Suppe
mit Sojasauce und Reisessig abschmecken.

Sobanudeln in sprudelnd kochendem Salzwasser nach Packungsangabe kochen.

Seidentofu in Würfel (ca. 2 cm Kantenlänge)
schneiden.

Frühlingszwiebeln putzen, waschen und in feine Ringe schneiden.

Kurz vor dem Servieren Frittieröl erhitzen.
Garnelen mit Salz und Pfeffer würzen, durch den
Tempurateig ziehen und portionsweise knusprig
ausbacken. Aus dem Öl heben und zum Entfetten
auf Küchenpapier legen.

Nudeln, Tofu und Algen in die kochend heiße
Suppe geben. Suppe in tiefe Schalen verteilen, jeweils 1 EL Rettich zufügen und Frühlingszwiebeln
darüberstreuen. Dazu die knusprigen Garnelen
servieren.

Temaki mit Sesammayonnaise

Ergibt ca. 24 Stück (4 Portionen)
Zubereitungszeit: ca. 1 ½ Stunden

–

Für den Sushi-Reis: 250 g Sushi-Reis (z. B. Nishiki oder Hikari) · 3 EL Reisessig · 2 EL Zucker · 1 TL Salz

Für die Sesammayonnaise: 2 Eier (zimmerwarm) · Salz · 1–2 EL Limettensaft · 2 EL Sesamöl (zimmerwarm) · 250 ml neutrales Pflanzenöl, z. B. Distel- oder Sonnenblumenöl (zimmerwarm)

Außerdem: 12 Nori-Algenblätter · 150–250 g Bio-Gurke · 150–250 g topffrischer Lachs, ohne Haut und Gräten · 1–2 Avocados · ca. 1 EL Limettensaft · Wasabi-Paste · 1 kleine Dose Tobikko (Rogen vom fliegenden Fisch) · 1 EL gerösteter weißer Sesam · 1 EL schwarzer Sesam

Reis in einer großen Schüssel mit reichlich kaltem Wasser waschen, dabei vorsichtig umrühren.

Reis auf ein Sieb gießen und den Vorgang mehrmals wiederholen. Das Wasser sollte zuletzt klar abfließen.

Reis nach Packungsangabe mit kaltem Wasser aufsetzen und zugedeckt garen. Nach dem Kochen hat er sein Volumen verdoppelt.

Währenddessen für die Reismarinade Reisessig, Zucker und Salz verrühren.

Für die Sesammayonnaise Eier mit etwas Salz und Limettensaft verrühren. Danach Eier mit einem Pürierstab mixen. Die Öle zuerst langsam, dann etwas schneller unter ständigem Mixen einarbeiten. Die Mayonnaise mit Salz, Pfeffer und evtl. etwas Limettensaft abschmecken.

Nori-Algenblätter der Länge nach halbieren.

Gurke waschen, Lachs und Gurke in etwa 6 cm lange Stifte schneiden.

Avocados vierteln, Schale abziehen, Kern entfernen und das Fruchtfleisch ebenfalls in Streifen schneiden, die Streifen mit etwas Limettensaft beträufeln.

Den fertig gekochten Reis auf einem Blech ausbreiten und mit der Marinade behutsam und gründlich mischen. Den Reis mit einem feuchten Tuch abdecken und warm halten, da er sich in kaltem Zustand schlechter verarbeiten lässt.

Die halbierten Noriblätter mit der glatten Seite nach unten als breites Rechteck auslegen. Auf das linke Drittel ca. 25 g Sushi-Reis legen, dabei links einen etwa 1 cm breiten Rand frei lassen. Den Reis etwas flach drücken und darauf nach Belieben Gurken-, Lachs-, Avocadostreifen und Tobikko legen – ganz nach Belieben. Sehr wenig Wasabipaste daraufgeben und mit 1 TL Mayonnaise bestreichen.

Die untere linke Ecke nach oben über die Füllung ziehen und das Algenblatt so einrollen, dass man ein Tütchen erhält. Evtl. die untere Tütenspitze einklappen, damit nichts herausfällt oder -tropft.

Die Temaki auf einer Platte oder auf Tellern anrichten. Die restliche Sesammayonnaise in ein Schälchen füllen und mit weißem und schwarzem Sesam bestreuen.

Gefüllte Artischockenböden

Ergibt 4 Portionen
Zubereitungszeit: ca. 90 Minuten
–

250 g frische, kleine Pfifferlinge · 1 kg Dicke Bohnen (in der Schote) · 500 g frische Erbsen (in der Schote) · Salz, Pfeffer · 4 große Artischocken · Saft von ½ Zitrone · 2 Schalotten · 3 Knoblauchzehen · 4 dünne Scheiben mild geräucherter durchwachsener Speck · 3 EL Sonnenblumenöl · 2 EL Olivenöl · 1 EL Butter · 1 EL Thymianblättchen · Küchenpapier

Für die Vinaigrette: Saft von 1 Zitrone · ½–1 TL Zucker · Salz, Pfeffer · 4 EL sehr gutes Olivenöl · 4 EL Distelöl

Pfifferlinge putzen und in reichlich kaltem Wasser kurz waschen. Die Pfifferlinge abtropfen lassen und auf Küchenpapier zum Trocknen ausbreiten.

Dicke Bohnen und Erbsen aus den Schoten palen. Die äußeren Blätter der Artischocken etwa 1 cm oberhalb des Artischockenbodens mit einem Sägemesser abschneiden. Die Blätter seitlich um den Boden und den Stiel ebenfalls abschneiden. Die Unterseite des Bodens von den holzigen Teilen befreien. Artischockenböden mit dem Zitronensaft in leicht gesalzenes Wasser geben und kochen, bis sie weich sind.

Währenddessen reichlich Salzwasser zum Kochen bringen. Darin die Erbsen 1–2 Minuten blanchieren, dann aus dem Wasser heben, kalt abschrecken und auf einem Sieb abtropfen lassen. Anschließend die Dicken Bohnen 3 Minuten blanchieren, abgießen, kalt abschrecken und auf ein Sieb geben. Die Häutchen der Dicken Bohnen mit den Fingern öffnen und die Bohnenkerne aus der Hülle drücken.

Schalotten und Knoblauch schälen und fein würfeln.

Speck in einer Pfanne in ½ EL Sonnenblumenöl knusprig ausbraten. Alle Zutaten für die Vinaigrette in einer kleinen Schüssel verrühren.

Gekochte Artischockenböden aus dem Wasser heben und das strohige Innere mit einem Löffel entfernen. Die Artischockenböden im Sud warm halten.

Kurz vor dem Servieren restliches Sonnenblumenöl in einer breiten Pfanne erhitzen. Die Pfifferlinge darin scharf anbraten, sobald sie Farbe nehmen, Schalotten und Knoblauch zufügen, mit Salz und Pfeffer würzen und weitere 2 Minuten anschwitzen. Erbsen, Dicke Bohnen, Olivenöl, Butter, Thymianblättchen und 100 ml Wasser zufügen. Das Ganze zum Kochen bringen und mit Salz und Pfeffer abschmecken.

Artischockenböden aus dem Sud heben, trocken tupfen und auf Teller setzen. Die Artischockenböden mit dem Gemüse füllen, mit Vinaigrette beträufeln, jeweils eine Scheibe Speck daraufsetzen und sofort servieren.

Artischocken

Schon vor 2.500 Jahren war die Artischocke bei den Ägyptern als nahrhaftes und sehr bekömmliches Gemüse bekannt. Auch Römer und Griechen wussten neben dem feinherben, leicht bitteren Geschmack die verdauungsfördernde Wirkung der Artischocke zu schätzen. Arzneilich interessant sind vor allem die Bitterstoffe sowie das Cynarin, das der Pflanze ihren botanischen Namen Cynara Scolymus gab. Sie beeinflussen den Leberstoffwechsel günstig, fördern den Gallefluss und helfen so bei der Fettverdauung und gegen Völlegefühle.

Bei uns ist die Artischocke erst seit dem Mittelalter bekannt, war damals aber nur für den Adel erschwinglich. Heute wird die eher unscheinbare, distelähnlich aussehende Pflanze rund ums Mittelmeer angebaut, denn sie ist frostempfindlich und gedeiht weiter nördlich nicht.

Was essen – und vor allem wie?

Essbar an diesem Gemüse sind die Blütenknospen. Sie werden vor dem Aufblühen geerntet, weil sie dann am zartesten sind. Frische Artischocken erinnern im Aussehen eher an Tannenzapfen als an Gemüse. Daher ist es für »Anfänger« nicht leicht ersichtlich, welche Blütenteile überhaupt essbar sind: Da wären einmal die unteren Enden der Blütenblätter, die nach dem Kochen einzeln abgezupft und in ein Dressing gedippt werden. Danach zieht man sie durch die Zähne und saugt sie so quasi aus, ohne den Rest des Blütenblattes zu verspeisen. Schon deswegen ist die Artischocke weder für den großen Appetit noch für den schnellen Hunger zwischendurch geeignet. Artischocken wollen genossen werden.

Sind alle Blütenblätter abgezupft und das Heu entfernt, bleibt der fleischige Blütenboden übrig, der mit Messer und Gabel gegessen werden kann. Artischockenböden werden auch als Sauerkonserven in Dosen und Gläsern angeboten. Geschmacklich reichen sie an frisch zubereitete Artischocken natürlich nicht heran. Übrigens: Um ein Schwarzwerden zu verhindern, dürfen Artischocken nicht in Alutöpfen gekocht werden.

Auch nach einem schönen Essen kommt die Artischocke gerne zum Einsatz und zwar als Digestif: Vor allem in Italien und Spanien werden bittere Artischocken-Auszüge zu Likörweinen verarbeitet. Deren Namen sind meist vom bekanntesten Inhaltsstoff der Artischocke abgeleitet, dem Cynarin.

Artischocken einkaufen

Auf dem Markt findet man grüne, grün-violette und violette Sorten verschiedener Größen. Bis zu ein Pfund bringen manche Blüten auf die Waage. Da die Erntezeiten der Anbauländer unterschiedlich sind, werden frische Artischocken fast das ganze Jahr über angeboten, vor allem aber im Herbst und im Frühling. In Deutschland sind besonders die großköpfigen französischen »Camus de Bretagne« beliebt, denn sie verfügen über einen besonders breiten, fleischigen Blütenboden. Kleinere Sorten, wie sie aus Spanien und Sizilien zu uns kommen, sind dafür besonders schmackhaft.

Beim Kauf sollte man auf einen knackigen Stiel achten und darauf, dass die Blätter nicht ausgetrocknet oder bräunlich sind. Frische Ware fühlt sich prall und fest an, sie gibt auf Druck etwas nach. Frische Artischocken sollte man zwar nicht auf Vorrat kaufen, zur Not halten sie sich im Kühlschrank jedoch bis zu einer Woche.

Gefüllte Zwiebeln auf Mangoldgemüse

Ergibt 4 Portionen
Zubereitungszeit: ca. 90 Minuten

–

*Für die Zwiebeln: 200 g Couscous · ½ TL Salz ·
50 g Rosinen · 350–500 ml Gemüsebrühe ·
5 EL Olivenöl · 3 EL Pinienkerne · 10 Minzeblättchen · ¼ TL Zimt · Pfeffer · 12 mittelgroße
weiße Zwiebeln (à ca. 40 g) · 12 Butterflöckchen ·
Alufolie*

*Für das Mangoldgemüse: 3 Strauchtomaten ·
1 kleiner Mangold, ca. 400–500 g · 1 Knoblauchzehe · 3 EL Olivenöl · Salz, Pfeffer · 1 TL Zucker ·
1 EL Butter*

Couscous, Salz und Rosinen in eine Schüssel geben. Je nach Packungsangabe des Couscous
250–400 ml Gemüsebrühe zum Kochen bringen
und mit einem Schneebesen einrühren. 3 EL Olivenöl unterrühren und 20 Minuten unter gelegentlichem Rühren mit dem Schneebesen quellen
lassen.

Pinienkerne in einer Pfanne bei mittlerer Temperatur goldbraun rösten. Minze waschen und
hacken. Pinienkerne, Zimt und Minze unter das
Couscous rühren, mit Salz und Pfeffer abschmecken.

Zwiebeln schälen, oben einen Deckel von etwa
2 cm Höhe entfernen und die Zwiebeln mit einem
Kugelausstecher aushöhlen. Wer keinen Kugelausstecher besitzt, kann ein kleines Messer und einen
Teelöffel verwenden, was jedoch komplizierter ist.
Die Hälfte des Inneren der Zwiebel fein hacken
und für das Mangoldgemüse beiseite stellen, 2 EL
davon fein hacken und in 1 EL Olivenöl farblos
anschwitzen und zum Couscous geben, den Rest
wegwerfen.

Zwiebeln mit Couscous füllen. Eine Auflaufform mit 1 EL Olivenöl fetten und die Zwiebeln
hineinsetzen. Auf jede Zwiebel ein Butterflöckchen setzen. Die restlichen 100 ml Gemüsebrühe
angießen und die Auflaufform mit Alufolie abdecken. Die Auflaufform für 1 Stunde auf der mittleren Schiene in den auf 200 °C vorgeheizten Backofen (Umluft 180 °C) schieben.

Währenddessen das Mangoldgemüse zubereiten: Den Strunk der Tomaten herausschneiden
und die Haut leicht einritzen. Tomaten in sprudelnd kochendem Wasser etwa 30 Sekunden blanchieren, kalt abschrecken und die Haut abziehen.
Tomaten vierteln. Kerne entfernen, auf ein Sieb
geben und auspressen, den Saft auffangen. Die
Tomatenviertel in feine Würfel schneiden.

Mangoldstrunk entfernen, die Blätter gründlich
waschen und abtropfen lassen. Den weißen Teil
der Blätter herausschneiden und fein würfeln, das
Grün grob hacken. Knoblauchzehe schälen und
fein hacken. Olivenöl in einem Topf erhitzen, darin die beiseite gestellten gehackten Zwiebeln und
Knoblauch farblos anschwitzen. Die weißen Teile
des Mangolds zufügen und 5 Minuten anschwitzen. Tomatensaft und 100 ml Wasser zufügen, mit
Salz und Pfeffer würzen, 5 Minuten köcheln lassen
und von der Kochstelle ziehen.

Sind die gefüllten Zwiebeln weich, den Backofen abschalten, die Zwiebeln darin warm halten.

Das Mangoldgemüse erhitzen, Mangoldgrün
und Tomatenwürfelchen zufügen. Alles mit Salz,
Pfeffer und Zucker abschmecken, ca. 10 Minuten leise kochen lassen und die Butter einrühren.
Mangoldgemüse auf vier Teller verteilen, darauf
die Zwiebeln setzen und sofort servieren.

Brokkoli-Bohnen-Salat mit Tofudressing

Ergibt 4 Portionen
Zubereitungszeit: ca. 40 Minuten

–

Für das Dressing: 100 g Seidentofu, ersatzweise Joghurt · 1 EL Fischsauce · Saft und Abrieb einer Bio-Limette · 1–2 TL Sesamöl · 4 EL Sonnenblumenöl · feine Ringe einer Chilischote · 1 TL Zucker · Salz

Für den Salat: 60 g Cashewnüsse · 2 rote Zwiebeln · 2 EL Zucker · 4 EL Balsamico-Essig · Salz, Pfeffer · 300 g grüne Bohnen · 1 Brokkoli (350–400 g)

Für das Dressing Seidentofu mit Fischsauce, Limettensaft und -abrieb sowie Sesam- und Sonnenblumenöl in einen hohen Becher geben. Mit einem Stabmixer pürieren und mit Chili, Zucker und Salz würzen.

Cashewnüsse in einer Pfanne ohne Fett bei mittlerer Temperatur unter häufigem Wenden leicht rösten. Nüsse aus der Pfanne nehmen und grob hacken.

Rote Zwiebeln schälen und in grobe Spalten schneiden. Zucker in eine Pfanne oder einen Topf geben und hellbraun karamellisieren lassen. Mit Balsamico-Essig und 50 ml Wasser ablöschen, Zwiebelspalten, etwas Salz und Pfeffer zufügen und das Ganze etwa 2–3 Minuten köcheln lassen. Die Zwiebeln sollen auf jeden Fall noch knackig sein.

Für den Salat grüne Bohnen putzen und Brokkoli in einzelne Röschen teilen, beides waschen. Reichlich Salzwasser zum Kochen bringen, die Bohnen hineingeben und 3 Minuten sprudelnd kochen lassen. Dann die Brokkoliröschen zufügen und alles weitere 4 Minuten garen. Kontrollieren, ob beide Gemüsesorten weich sind. Das Gemüse auf ein Sieb gießen und abtropfen lassen.

Das heiße Gemüse auf vier Teller verteilen, darüber die Zwiebeln und den Balsamicosud geben, mit Tofudressing beträufeln und mit Cashews bestreuen. Den Salat sofort servieren.

Blumenkohl-Süßkartoffel-Curry

Ergibt 4 Portionen
Zubereitungszeit: ca. 50 Minuten

–

1 Blumenkohl · 600 g Süßkartoffeln · 250 g fertige Wildreis-Mischung (aus dem Reformhaus) · 1 Stück frischer Ingwer (ca. 25 g) · 3 frische Knoblauchzehen · 2 Schalotten · 3 EL neutrales Pflanzenöl · ½ –1 EL Currypulver (je nach Geschmack und Schärfegrad der Currymischung) · 1 TL Senfsaat · 1 EL Lime Pickle medium (aus dem Asia-Laden) · 400 ml Gemüsebrühe · 1 Dose (400 ml) Kokosmilch · Salz · 50 g Instant-Kokosnusspulver (aus dem Asia-Laden) · Saft von 1 Limette · evtl. 1–2 EL Zucker · 2 Stiele Thai-Basilikum, ersatzweise Basilikum oder Koriander

Blumenkohl von den äußeren Blättern befreien, in einzelne Röschen teilen und in lauwarmem Wasser waschen.

Süßkartoffeln schälen, waschen und in etwa 4 cm große Stücke schneiden.

Wildreis-Mischung nach Packungsangabe zubereiten.

Ingwer, Knoblauch und Schalotten schälen und sehr fein würfeln.

Pflanzenöl in einem Topf erhitzen, Ingwer-, Knoblauch- und Schalottenwürfel darin farblos anschwitzen. Blumenkohl und Süßkartoffeln zufügen, mit Currypulver bestäuben, Senfsaat zufügen und alles kurz mit anschwitzen. Lime Pickle fein hacken, zusammen mit Gemüsebrühe und Kokosmilch zum Gemüse geben. Alles mit Salz würzen und bei geschlossenem Deckel bei mittlerer Temperatur etwa 10 Minuten weich kochen, dabei gelegentlich umrühren. Den Deckel abnehmen, Instant-Kokosnusspulver einrühren und das Curry weitere 10–15 Minuten unter gelegentlichem Umrühren leise kochen lassen.

Das Curry mit Limettensaft, Salz und eventuell Zucker abschmecken, nach Belieben noch etwas fein gehacktes Lime Pickle zufügen.

Thai-Basilikum waschen, trocken schleudern und die Blättchen grob hacken.

Wildreismischung und Curry auf Teller verteilen und mit Thai-Basilikum bestreuen.

Reis

–

Die Reispflanze ist ein Rispengras mit langer Tradition. Die Nutzung ihrer Samen als Nahrungsmittel begann vor rund 7.000 Jahren im Jangtse-Delta im Osten Chinas. Von dort aus hat der Reis im Lauf der Jahrtausende fast die ganze Erde erobert – zuerst Thailand, Vietnam, Malaysia, Kambodscha und Birma. Etwa um 300 vor Christus gelangte er über Persien nach Ägypten. Auf den europäischen Kontinent verhalf ihm Alexander der Große, der den Reis nach Griechenland, Sparta und Rom brachte. Ende des neunten Jahrhunderts verbreiteten die maurischen Eroberer das Wissen um den Reisanbau in Spanien und Portugal. Kolumbus brachte den Reis 1492 nach Südamerika. Weitere 200 Jahre brauchte das nahrhafte Gras, bis es auch den Norden des amerikanischen Kontinents erreichte. Heute hat jede Region ihre typischen Reisgerichte, vom Klebreis, den die Chinesen lieben, über japanische Sushi-Reisrollen, orientalische, üppig gewürzte Reis-Pilaws bis hin zum italienischen Risotto, der spanischen Paella und dem mitteleuropäischen Milchreis-Dessert.

Volle Körner oder weiße Pracht?

Reiskörner sind von einer ungenießbaren, strohigen Spelze umhüllt, die entfernt werden muss. Die entspelzten Körner heißen Cargo- oder Braunreis. Nach der Reinigung gelangt dieser als Naturreis in den Handel, oder er wird zu weißem Reis weiterverarbeitet. Naturreis gilt als besonders wertvoll oder vollwertig, weil er noch das Silberhäutchen und den Keimling besitzt. Hier konzentrieren sich viele Nährstoffe wie Vitamine, Mineralstoffe und hochwertige Fettsäuren. Auch hochwertiges Eiweiß sitzt in diesen Kornteilen. Allerdings schränken einige dieser Eiweißbestandteile den Nährwert der Reiskörner ein, indem sie Verdauungsenzyme an der Arbeit hindern und die Mineralstoffe festhalten. Die verbreitete Ansicht, weißer Reis würde nur aus optischen Gründen hergestellt, ist schon ein wenig ignorant. Man muss vielmehr davon ausgehen, dass die vielen Reis essenden Völker seit Jahrtausenden die eher unbekömmlichen Teile des Reiskorns entfernen, um in den Genuss der energiereichen und leicht verdaulichen Stärke zu kommen. Die Herstellung von weißem Reis ist eine kulturelle Leistung, die Respekt verdient. Wer Vollkornreis mag und verträgt, möge ihn genießen. Wer lieber weißen Reis mag, darf dies ebenfalls reinen Gewissens tun, zumal es mit parboiled Reis eine nährstoffreiche Variante gibt.

Parboiled Reis ist ein polierter weißer Langkornreis, dessen Nährwert durch ein Spezialverfahren mit Vakuum, Druck und Wasserdampf aufgewertet wird. Dabei wandern Vitamine und Mineralstoffe aus dem Silberhäutchen ins Innere des Reiskorns. Parboiled Reis ist innerhalb von 20 Minuten gar, er bleibt lockerer und körniger als weißer Reis.

Edle Inder, runde Italiener, dufte Thais

Basmatireis ist eine Spezialität aus Nordindien und Pakistan. Da die Felder nur geringe Erträge bringen, kommt Basmati oft nur zu festlichen Anlässen auf den Tisch. Der italienische Risottoreis ist ein Rundkornreis, der beim Kochen Stärke abgibt, sodass der Risotto schön sämig wird. Jasminreis ist ein Duftreis, der sein intensives Aroma nur auf einigen Böden im Norden Thailands entwickelt. Fertig gegart ist er leicht klebrig, sodass er gut mit Stäbchen gegessen werden kann. Übrigens: Wildreis ist botanisch kein Reis, sondern ein Wassergras, das in kalten Gewässern wie den großen Seen im Norden der USA und in Kanada gedeiht. Nach der Ernte werden die grünen Körner gedarrt, das macht sie haltbar, färbt sie dunkelbraun und verleiht ihnen Aroma.

Spargel-Zitronen-Risotto

Ergibt 4 Portionen
Zubereitungszeit: ca. 45 Minuten

–

1,5 kg Spargel · ca. 1 l Hühnerbrühe · 1 Schalotte · 2 Knoblauchzehen · 3 EL Olivenöl · 300 g Risottoreis · 150 ml trockener Weißwein · ½ Bund Kerbel · 1 Bio-Zitrone · 1 Prise Zucker · 60 g geriebener Parmesan · 50 g kalte Butter

Spargel waschen, schälen und die holzigen Enden abschneiden.

Hühnerbrühe zum Kochen bringen. Spargelschalen und -abschnitte in die Brühe geben, Topf bereitstellen, mit einem Deckel abdecken und 15 Minuten ziehen lassen.

Spargelköpfchen etwa 5 cm breit abschneiden und zur späteren Weiterverarbeitung beiseite stellen. Den Rest der Stangen in ca. 2 mm dünne Ringe schneiden.

Schalotte und Knoblauch schälen und sehr fein würfeln.

Olivenöl erhitzen, darin Schalotten- und Knoblauchwürfelchen farblos anschwitzen. Reis zugeben und bei mittlerer Temperatur farblos anschwitzen.

Reis mit Weißwein ablöschen, die Flüssigkeit fast vollständig einkochen lassen. Hühnerbrühe durch ein Sieb passieren, erneut zum Kochen bringen und etwa ein Viertel der kochend heißen Brühe an den Risotto gießen. Die Spargelscheibchen zufügen und gelegentlich umrühren.

Nach und nach Brühe zufügen, sodass der Reis eben von Flüssigkeit bedeckt ist, dabei häufig (aber nicht ständig) umrühren.

So lange Flüssigkeit an den Reis gießen und den Risotto garen, bis er al dente gekocht ist. Der Risotto soll dabei recht flüssig sein. Evtl. mehr Brühe zum Kochen bringen oder ersatzweise kochendes Wasser angießen.

Währenddessen Kerbel waschen, trocken schleudern und einige Blättchen zum Garnieren beiseite stellen.

Bio-Zitrone heiß abwaschen, trocknen und die Schale fein abreiben. Zitrone filetieren, dafür die Schale mit der weißen Haut mit einem Messer entfernen und die Filets zwischen den Trennwänden herausschneiden. Den Saft dabei auffangen und die Trennwände gut auspressen.

Spargelköpfchen mit einem Gemüsehobel oder einem Messer der Länge nach in dünne Scheiben schneiden. Kurz vor dem Servieren das restliche Olivenöl in einer Pfanne erhitzen, darin die gehobelten Spargelköpfe kurz anbraten und mit Salz, Pfeffer und einer Prise Zucker würzen, sie sollen noch knackig sein.

Gehackten Kerbel, die Hälfte der Zitronenfilets, die Hälfte der abgeriebenen Zitronenschale, Parmesan und Butter unter den fertigen Risotto ziehen. Risotto mit Salz, Pfeffer und Zitronensaft abschmecken und auf vier Teller verteilen. Spargelköpfchen auf den Risotto setzen. Risotto mit Kerbelblättchen, restlichen Zitronenfilets, restlicher Zitronenschale und etwas Parmesan garnieren. Sofort servieren.

Pulpo-Risotto

Ergibt 4 Portionen
Zubereitungszeit: ca. 1 Stunde
Kochzeit (Pulpo): ca. 45 Minuten

–

Für den Pulpo: 1 kleiner küchenfertiger Pulpo à ca. 600 g · ½ Fenchelknolle · 1 Karotte · 1 kleine Zwiebel · 2 EL Olivenöl · 1 TL Fenchelsamen · 100 ml Weißwein · 1 Lorbeerblatt · 1 TL Pfefferkörner

Für den Risotto: 1 Schalotte · 4 Knoblauchzehen · 5–6 EL Olivenöl · 300 g Risottoreis · feine Ringe einer roten Chilischote · 100 ml trockener Weißwein · ca. 800 ml Pulposud (siehe oben) · ½ Bund glatte Petersilie · 1–2 TL Piment d'Espelette, ersatzweise ½ TL Cayennepfeffer · 50 g kalte Butter · Saft von 1 Zitrone

Pulpo unter fließend kaltem Wasser gründlich waschen und zum Abtropfen auf ein Sieb geben. Fenchel waschen, Karotte und Zwiebel schälen und alles in Scheiben schneiden.

Olivenöl in einem Topf erhitzen, Fenchel, Karotte, Zwiebel und Fenchelsamen darin farblos anschwitzen. Pulpo zufügen und weitere 5 Minuten anschwitzen.

Weißwein angießen und zum Kochen bringen. So viel Wasser angießen, dass der Pulpo gerade mit Flüssigkeit bedeckt ist, Lorbeer und Pfeffer zufügen und erneut alles zum Kochen bringen. Temperatur verringern und den Pulpo etwa 45 Minuten leise köcheln lassen, bis er zart ist, aber noch etwas Biss hat.

Für den Risotto Schalotte und Knoblauchzehen schälen und sehr fein würfeln.

Etwa 800 ml des Pulpofonds durch ein Sieb passieren und in einem Topf zum Kochen bringen.

3 EL Olivenöl erhitzen, darin Schalotten- und Knoblauchwürfelchen farblos anschwitzen. Reis zugeben und bei mittlerer Temperatur farblos anschwitzen.

Chili zufügen und den Reis mit Weißwein ablöschen. Die Flüssigkeit fast vollständig einkochen lassen, dann ca. ein Viertel des kochend heißen Pulposuds zum Risotto gießen und gelegentlich umrühren.

Nach und nach restlichen Pulposud angießen, sodass der Reis immer gerade mit Flüssigkeit bedeckt ist, dabei den Risotto häufig (aber nicht ständig) umrühren.

So lange Flüssigkeit an den Reis gießen und den Risotto garen, bis er al dente gekocht ist. Der Risotto soll dabei recht flüssig sein. Evtl. zusätzlichen Pulposud zum Kochen bringen und angießen.

Währenddessen Petersilie waschen, trocken schleudern und grob hacken.

Pulpo aus dem Topf heben, trocken tupfen und die Tentakel mit einem Messer vom Körperbeutel abtrennen. Die Tentakel in mundgerechte Stücke schneiden, nach Belieben den Körperbeutel aufschneiden und in Streifen schneiden.

Kurz vor dem Servieren das restliche Olivenöl in einer breiten Pfanne erhitzen. Die Pulpostücke darin von allen Seiten scharf anbraten, bis sie eine braune Färbung bekommen. Die Pfanne vom Herd ziehen, leicht abkühlen lassen, die Pulpostücke mit Piment d'Espelette bestreuen und einmal durchschwenken.

Butter und Petersilie unter den fertigen Risotto ziehen, Risotto mit Salz und Zitronensaft abschmecken und in tiefe Teller oder Schalen füllen. Pulpostücke darauf verteilen, Piment d'Espelette darüberstreuen und sofort servieren.

Spaghetti mit Kürbis und Walnusspesto

Ergibt 4 Portionen
Zubereitungszeit: ca. 30 Minuten

–

50 g Walnusskerne · 30 g Parmesan + Parmesan zum Bestreuen · 45 ml sehr gutes Olivenöl · Pfeffer · Salz · 800 g Muskatkürbisfleisch (ohne Schale) · 1 EL Olivenöl · 400–500 g Spaghetti · 2 Knoblauchzehen · ½–1 Chilischote · 80 g Rosinen · 160 ml Orangensaft · 2 EL Butter

Nusskerne in einem Universalzerkleinerer fein mahlen, dann in einer Pfanne bei niedriger Temperatur goldgelb rösten und abkühlen lassen. Geröstete Walnüsse und Parmesan in einen Mixer geben und unter Zugabe von 30 ml Olivenöl vorsichtig zu einem Pesto pürieren. Mit Salz und Pfeffer abschmecken.

Muskatkürbis in ca. 1–2 cm große Würfel schneiden und im restlichen Olivenöl anbraten. Etwas Wasser (ca. 100 ml) angießen und bei niedriger Temperatur weiterdünsten, bis die Kürbisstücke weich sind.

Inzwischen die Spaghetti nach Packungsanweisung in einem Topf mit reichlich kochendem Salzwasser garen. Die Knoblauchzehen schälen, Chilischote waschen und entkernen, beides fein hacken und zum Kürbis geben. Rosinen in einem Sieb abspülen und ebenfalls zum Kürbis geben. Alles mit Orangensaft ablöschen; Butter zufügen und kurz aufkochen lassen. Gekochte Spaghetti zum Kürbis geben, mit Salz und Pfeffer würzen und das Pesto unterrühren.

Das Gericht auf vier Teller verteilen und den Parmesan darüberhobeln oder -reiben.

Basilikum-Gnocchi mit Tomaten

Ergibt 4 Portionen
Zubereitungszeit: ca. 75 Minuten
–

Für die Basilikum-Gnocchi: *750 g mehligkochende Kartoffeln · Meersalz · 2 Bund Basilikum · 150 g Mehl + Mehl für die Arbeitsfläche · 60 g Hartweizengrieß · 3 Eigelb · 50 g geriebener Parmesan · Pfeffer · 2 EL Olivenöl · Backpapier*

Für die Ofentomaten: *12 Strauchtomaten · 2 ½ EL Olivenöl · Salz, Pfeffer · etwas Puderzucker*

Außerdem: *2 EL Olivenöl · 400 ml Hühnerbrühe · 1–2 Handvoll Rucolablättchen · 2 EL Butter · etwas Zitronensaft · Pfeffer · 100–150 g Fetakäse*

Für die Gnocchi Kartoffeln waschen und mit 1 EL Meersalz in Wasser weich kochen.

Währenddessen Basilikum waschen, trocken schleudern und die Blättchen von den Stielen zupfen.

Den Strunk der Tomaten herausschneiden und die Haut leicht einritzen. Tomaten in sprudelnd kochendem Wasser 10–30 Sekunden (je nach Reifegrad) blanchieren, kalt abschrecken und die Haut abziehen. Tomaten vierteln, entkernen und den Saft auffangen. Kerne und Saft durch ein Sieb passieren, den Saft dabei auffangen, Kerne im Sieb wegwerfen. Backblech mit ½ EL Öl einpinseln. Tomatenviertel aufs Backblech setzen, mit Salz, Pfeffer und einer Prise Puderzucker würzen, 2 EL Olivenöl darüberträufeln und im auf 100 °C vorgeheizten Backofen 40–50 Minuten trocknen.

Die weichen Kartoffeln abgießen, pellen, aufbrechen und ausdampfen lassen. Kartoffeln durch eine Kartoffelpresse drücken und mit Mehl, Grieß, Eigelben und Parmesan zu einer homogenen Masse kneten. Basilikumblättchen sehr fein hacken oder pürieren und unter die Masse kneten. Die Kartoffelmasse mit Salz und Pfeffer abschmecken.

Auf einer bemehlten Arbeitsfläche die Kartoffelmasse zu gleichmäßigen Rollen formen. Die Rollen mit dem Messer in ca. 5 g schwere Stücke schneiden. Diese Stücke zu Bällchen formen, nach Belieben mit dem Rücken einer Gabel leicht andrücken. Die fertigen Gnocchi auf ein bemehltes Backpapier setzen.

In einem Topf reichlich Wasser mit etwas Salz zum Kochen bringen. Die Hälfte der Gnocchi vom Backpapier in das kochende Wasser gleiten lassen, die Temperatur etwas verringern und im simmernden Wasser ca. 4 Minuten garen. Die Gnocchi sind fertig, wenn sie an der Wasseroberfläche schwimmen. Gnocchi aus dem Wasser heben, abtropfen lassen und auf einer Platte ausbreiten. Mit den restlichen Gnocchi ebenso verfahren. Olivenöl über die Gnocchi geben, mit den Händen verteilen und die Platte beiseite stellen.

Kurz vor dem Servieren Rucola verlesen, evtl. Stiele kürzen und Rucola waschen. 2 EL Olivenöl, Hühnerbrühe und den passierten Tomatensaft in einem breiten Topf zum Kochen bringen. Gnocchi und Butter zur Brühe geben, das Ganze 2 Minuten kochen und mit Zitronensaft, Salz und Pfeffer abschmecken. Evtl. noch etwas Hühnerbrühe zufügen. Rucolablättchen und die im Ofen gebackenen Tomatenfilets unterziehen, Gnocchi mit Sud auf vier Teller verteilen und den Fetakäse darüberbröseln.

Gebratene Sardellen mit Sauce Rouille

Ergibt 4 Portionen
Zubereitungszeit: ca. 60 Minuten

–

*Für die Sauce Rouille: 1 mehligkochende Kartoffel ·
2 frische Knoblauchzehen · 1 topfrisches Ei · 1–2 EL
Zitronensaft · Salz, Pfeffer · 170 ml Pflanzenöl ·
2 EL sehr gutes Olivenöl · 2–3 EL Ajvar (Paprika-
mus, im Supermarkt erhältlich), ersatzweise selbst-
gemachte Paprikasauce (s. Rezept »Sardinen auf
Auberginen und Paprikasauce«, S. 186) und etwas
Chili · (alle Zutaten bei Zimmertemperatur)*

*ca. 40 topfrische Sardellen · 1–2 Zitronen · etwas
Mehl zum Wenden · Salz, Pfeffer · 12 EL Olivenöl ·
Küchenpapier*

Für die Rouille Kartoffel in Salzwasser kochen, abgießen, pellen und vollständig abkühlen lassen.

Währenddessen Knoblauch schälen und durchpressen. Das Ei in ein schlankes, hohes Gefäß geben, Zitronensaft, Knoblauch, etwas Salz und
Pfeffer zufügen. Mit einem Pürierstab mixen und
zuerst langsam, dann in einem dünnen Strahl das
Pflanzenöl und das Olivenöl einfließen lassen, bis
die Mayonnaise Stand und Glanz hat.

Kartoffel durch ein Sieb streichen und mit dem
Ajvar unter die Mayonnaise rühren. Sauce Rouille
bis etwa 10 Minuten vor dem Servieren kühl stellen.

Bauchhöhle der Sardellen mit einem Finger
öffnen und ausnehmen. Sardellen vorsichtig in kaltem Wasser ausspülen und zwischen zwei Lagen
Küchenpapier trocken legen.

Zitronen sehr heiß abwaschen und in Spalten
schneiden.

Kurz vor dem Servieren Sardellen in Mehl wenden, überschüssiges Mehl vorsichtig abklopfen.

Sardellen mit Salz und Pfeffer würzen und portionsweise in einer breiten Pfanne in heißem Olivenöl knusprig ausbacken, dabei die Pfanne nach
jedem Braten mit Küchenpapier ausreiben, damit
Mehlreste nicht dunkel und bitter werden.

Sardellen zum Entfetten auf Küchenpapier
geben und sofort auf Teller verteilen. Dazu Rouille
und Zitronenspalten servieren.

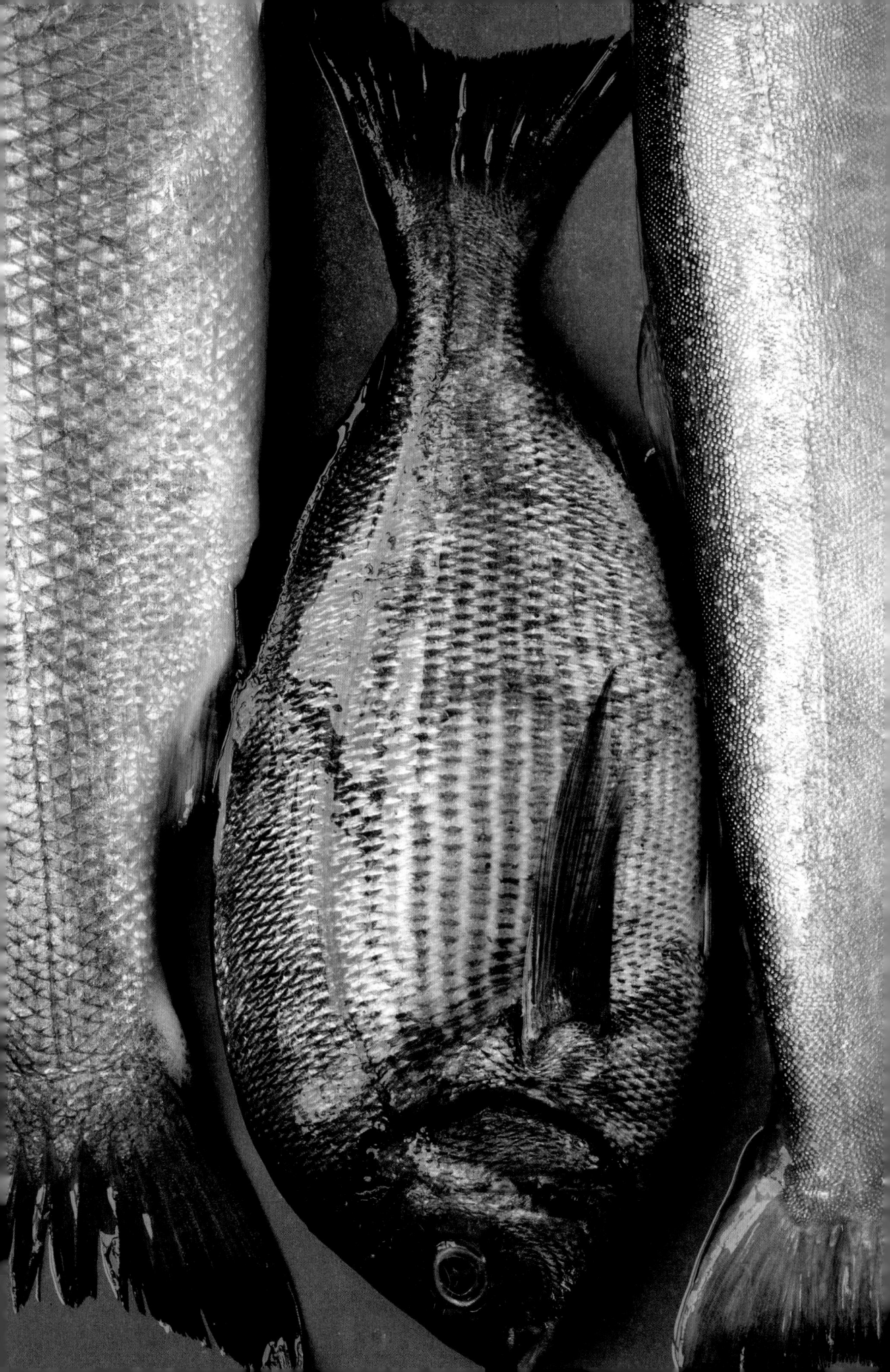

Fisch

–

Fisch ist gesund, weil er sehr reich an wichtigen Nährstoffen ist und meist wenig Kalorien liefert – sofern er nicht in einer dicken Panade frittiert zur Kalorienbombe wird. Für regelmäßige Fischmahlzeiten sprechen: 15 bis 20 Prozent leicht verdauliches und hochwertiges Eiweiß, die Vitamine A, E, B12 und vor allem Vitamin D, das in den meisten anderen Lebensmitteln nur spärlich vorkommt. An Mineralstoffen wären vor allem Kalium, Eisen, Selen und bei Seefischen das Jod zu nennen.

Beim Fettgehalt unterscheidet man gewöhnlich drei Gruppen von Fischen. Magere Sorten wie Kabeljau, Scholle, Hecht und Flunder enthalten weniger als ein Prozent Fett und sind besonders kalorienarm. Fische mit mittlerem Fettgehalt liefern zwischen einem und zehn Prozent Fett, beispielsweise Rotbarsch, Thunfisch, Karpfen, Lachs und Regenbogenforelle. Bei mehr als zehn Prozent Fett spricht man von fetten Fischen wie Hering, Makrele, Heilbutt und Aal.

Das Fett vor allem jener Fische, die aus kalten Gewässern stammen, hat einen besonderen Vorteil: Es besteht zu einem großen Teil aus sogenannten Omega-3-Fettsäuren. Sie gehören zu den wichtigsten Bausteinen in unserem Gehirn und wirken entzündungs- und blutgerinnungshemmend sowie blutverdünnend. So schützen sie das Herz und auch vor Krebs und Rheuma. Derzeit wird erforscht, inwieweit sie auch bei Hautkrankheiten, Depressionen, Aggressivität und Aufmerksamkeitsdefiziten helfen. Deswegen wird empfohlen, ein- bis zweimal pro Woche Fisch oder Meeresfrüchte zu essen.

Doch wollte sich die gesamte Weltbevölkerung an diese Empfehlung halten, käme dies einer ökologischen Katastrophe gleich, weil schon heute viele Bestände überfischt sind. Nicht zuletzt deshalb hat man in den vergangenen Jahrzehnten die Aquakultur verstärkt. Mittlerweile werden weltweit mehr als 200 Fischarten, Schalen- und Weichtiere sowie Muscheln in »Farmen« gezüchtet. Doch auch das ist nicht immer eine gute Lösung, denn auch die Aquakultur kann die Umwelt stark belasten.

Was also tun? Es gibt derzeit kein Patentrezept, aber doch eine Reihe von Alternativen: Da wäre einmal die Möglichkeit, nach Fischen Ausschau zu halten, die das blaue MSC–Label tragen. Das Kürzel des Marine Stewardship Council steht für ein Kontrollgremium, das Kriterien für eine verantwortliche(re) Fischerei entwickelt hat, um die Bestände nicht weiter zu gefährden.

Bio-Fische bieten eine weitere Möglichkeit für nachhaltigeren Fischkonsum. Es gibt sie mittlerweile nicht nur im Bio-Laden, sondern auch in gut sortieren Supermärkten. Noch sind es meist Forellen, die extensiv und ökologisch aufgezogen werden, obgleich sich auch Karpfen besonders gut für eine nachhaltige Teichwirtschaft eignen. Womit wir bei den Süßwasserfischen wären. Der Fischreichtum der heimischen Seen, Teiche, Flüsse und Bäche wird oft unterschätzt. Warum zur Abwechslung nicht mal ein Bodensee-Felchen oder einen Barsch oder Hecht aus der eigenen Region zubereiten? Die heimischen Süßwasserfische können den Artgenossen aus dem Meer, was die Vielfalt, die Qualität, den Nährwert und den Geschmack angeht, durchaus das Wasser reichen.

Sardinen auf Auberginen und Paprikasauce

Ergibt 4 Portionen
Zubereitungszeit: ca. 50 Minuten

–

Für die Paprikasauce: 4 rote Paprika · 2 EL sehr gutes Olivenöl · Salz, Pfeffer · Backpapier

2 kleine Auberginen · Salz · 12–14 EL Olivenöl · 40 g frisch geriebenes Weißbrot · 8 kleine Sardinen · ½–1 EL Zitronensaft · 4 EL sehr gutes Olivenöl

Paprika waschen, halbieren, Stiele, Kerne und weiße Innenwände entfernen. Paprikahälften mit der Schnittfläche nach unten auf ein mit Backpapier ausgelegtes Backblech setzen. Das Blech auf mittlerer Schiene in den auf 250 °C Ober-/Unterhitze vorgeheizten Backofen schieben. Paprika so lange backen, bis sich die Haut schwarz färbt und Blasen wirft (ca. 15 Minuten).

Währenddessen Auberginen waschen, trocken reiben und in 2–3 cm große Würfel schneiden. Auberginen mit wenig Salz würzen, auf Küchenpapier setzen und ca. 10 Minuten Wasser ziehen lassen.

Sardinenschuppen unter fließend kaltem Wasser mit den Händen entfernen und die Filets mit einem scharfen Messer von der Mittelgräte lösen.

Das Blech mit den Paprika aus dem Ofen nehmen, mit einem angefeuchteten Tuch bedecken (damit sich später die Haut leichter löst) und abkühlen lassen.

Währenddessen in einer kleinen Pfanne 3 EL Olivenöl und frisch geriebenes Weißbrot bei mittlerer Hitze goldbraun rösten.

Auberginen trocken tupfen und in 6–8 EL Olivenöl von allen Seiten bei niedriger bis mittlerer Temperatur anbraten, bis die Würfel weich sind und Farbe angenommen haben. Auberginen mit Salz, Pfeffer und Zitronensaft abschmecken und bis zum Servieren warm stellen.

Paprikahaut abziehen, Paprikafleisch in Stücke schneiden und mit 2 EL sehr gutem Olivenöl in einem hohen Gefäß mit einem Pürierstab fein mixen. Paprikasauce mit Salz und Pfeffer abschmecken und in einem kleinen Topf erwärmen.

Kurz vor dem Servieren Sardinen mit Salz und Pfeffer würzen. 3 EL Olivenöl in einer breiten Pfanne erhitzen, darin die Sardinenfilets mit der Hautseite nach unten scharf anbraten. Sardinen wenden und kurz auf der Fleischseite anbraten, dann aus der Pfanne nehmen.

Warme Paprikasauce auf vier Teller verteilen, Auberginen jeweils in die Mitte geben, Sardinenfilets daraufsetzen und mit Brotbröseln bestreuen. Jeweils 1 EL sehr gutes Olivenöl darüberträufeln und alles sofort servieren.

Geräucherte Forelle auf Meerrettich-Kartoffelpüree

Ergibt 4 Portionen
Zubereitungszeit: ca. 45 Minuten

–

Für das Meerrettich-Kartoffelpüree: *1 kg mehlig-kochende Kartoffeln · Salz · ca. 200 ml Milch · 100 g Butter · Pfeffer · 50 g frisch geriebener Meerrettich*

Für den gedünsteten Feldsalat: *250 g Feldsalat · 1 Schalotte · 1 Knoblauchzehe · 1 EL Butter · 100 ml Gemüsebrühe · Salz, Pfeffer · 2 EL Crème fraîche*

Außerdem: *ca. 300 g geräucherte Forelle, zimmerwarm · etwas geriebener Meerrettich*

Für das Püree Kartoffeln schälen, vierteln und in leicht gesalzenem Wasser weich kochen.

Währenddessen Feldsalat putzen, in reichlich Wasser waschen und trocken schleudern. Schalotte und Knoblauch schälen und fein würfeln.

Die weich gekochten Kartoffeln abgießen, kurz ausdampfen lassen und mit einem Kartoffelstampfer zermusen. Milch in einem kleinen Topf zum Kochen bringen und unter die Stampfkartoffeln rühren. Butter zufügen, mit Salz, Pfeffer und geriebenem Meerrettich abschmecken. Evtl. noch etwas kochend heiße Milch oder Butter zufügen.

1 EL Butter in einem Topf erhitzen, darin Schalotten- und Knoblauchwürfelchen farblos anschwitzen. Gemüsebrühe angießen, einmal aufkochen und den Feldsalat zufügen. Den Feldsalat unter Rühren zusammenfallen lassen, sparsam mit Salz und Pfeffer würzen und die Crème fraîche unterziehen.

Meerrettich-Kartoffelpüree und gedünsteten Feldsalat auf vier Teller verteilen. Geräucherte Forelle auf dem Püree anrichten und mit frisch geriebenem Meerrettich bestreuen.

Gebratener Lachs auf grünem Spargel

Ergibt 4 Portionen
Zubereitungszeit: ca. 40 Minuten

–

Für die Vinaigrette: 4 Strauchtomaten · Salz ·
1–2 EL Weißweinessig · Pfeffer · 4 EL Traubenkern-
oder Distelöl · 4 EL sehr gutes Olivenöl · 4 Zweige
Estragon · 1 Prise Zucker

1,5–2 kg grüner Spargel · Salz · 4 Scheiben Lachs-
filet à ca. 130 g · Pfeffer · 2 EL Sonnenblumenöl

Für die Vinaigrette den Strunk der Tomaten herausschneiden und die Haut leicht einritzen. Die
Tomaten ca. 30 Sekunden in sprudelnd kochendem Wasser blanchieren, abgießen, kalt abschrecken und die Haut abziehen. Tomaten vierteln und
die Kerne entfernen. Kerne mit etwas Salz auf ein
Sieb geben, auspressen und den Saft dabei auffangen. Die im Sieb verbleibenden Kerne wegwerfen.
Tomatenfilets in kleine Würfel schneiden.

Tomatensaft mit Weißweinessig und Pfeffer
verrühren. Traubenkern- und Olivenöl mit einem
Schneebesen einrühren. Estragon waschen, trocken schleudern, die Blättchen von den Stielen
zupfen und fein hacken. Tomatenwürfel und Estragon in die Vinaigrette rühren und das Ganze mit
Salz, Pfeffer und einer Prise Zucker abschmecken.

Spargel waschen. Von den unteren Enden etwa
3 cm abschneiden. Das untere Drittel der Spargelstangen mit einem Sparschäler schälen. In einem
Topf reichlich Salzwasser zum Kochen bringen,
darin den Spargel 5–6 Minuten kochen.

Währenddessen die Lachsfilets mit Salz und
Pfeffer würzen. Sonnenblumenöl in einer großen
Pfanne erhitzen, darin die Lachsfilets von beiden
Seiten jeweils 2–3 Minuten anbraten. Der Lachs
soll eine schöne braune Färbung bekommen und
innen noch leicht glasig sein.

Spargel abgießen, abtropfen lassen und auf vier
Teller verteilen. Jeweils ein Lachsfilet daraufsetzen
und alles mit der Vinaigrette beträufeln.

Loup de mer auf Artischocken-Kartoffel-Gemüse

Ergibt 4 Portionen
Zubereitungszeit: ca. 1 Stunde

–

Für den Loup de mer (Wolfsbarsch): 1 Loup de mer à ca. 1,3 kg, ausgenommen und geschuppt (ersatzweise 4 Filetstücke à 130–150 g, mit Haut, geschuppt und entgrätet) · Salz, Pfeffer · 4 Zweige Thymian · 3 EL Olivenöl · 2 Knoblauchzehen · 1 EL Butter · Fleur de Sel · Klarsichtfolie

Für das Artischocken-Kartoffel-Gemüse: 12 kleine Kartoffeln · Salz · 8 kleine Artischocken · Saft von ½ Zitrone · 3 EL Olivenöl · 1 Knoblauchzehe · Pfeffer · 350–500 ml Gemüsebrühe · 4 Stiele glatte Petersilie · 2 EL Butter

Loup de mer filetieren und die Gräten mit einer Grätenpinzette oder -zange entfernen. Die Filets in 4 etwa gleich schwere Portionen teilen. Mit einem scharfen Messer oder einer Rasierklinge die Haut vorsichtig mehrfach quer einritzen. Die Filets mit Klarsichtfolie abdecken und kalt stellen.

Kartoffeln waschen und in Salzwasser gar kochen.

Währenddessen Artischocken putzen: äußere Blätter abzupfen, Stiele kürzen und mit einem kleinen, scharfen Messer die holzigen Stellen am Artischockenboden entfernen. Blattspitzen 1–2 cm über dem Artischockenboden abschneiden. Artischocken achteln und das haarige Innere entfernen. Artischocken sofort in einen Topf mit Wasser und Zitronensaft geben, mit Salz würzen, zum Kochen bringen und bei mittlerer Temperatur 10 Minuten leise kochen lassen, anschließend abgießen, abtropfen lassen und trocken tupfen.

Die gegarten Kartoffeln abgießen, pellen und je nach Größe vierteln oder halbieren.

Olivenöl in einer breiten Pfanne oder einem Topf erhitzen, darin Kartoffeln und Artischocken anbraten.

Knoblauchzehe schälen, leicht andrücken, zufügen und das Ganze mit Salz und Pfeffer würzen. Die Hälfte der Gemüsebrühe zufügen und stark einkochen lassen. Immer wieder etwas Gemüsebrühe angießen.

Petersilie und Thymian waschen, trocken schleudern, Petersilienblättchen von den Stielen zupfen und fein hacken.

Kurz vor dem Servieren das Öl für den Loup de mer in einer beschichteten Pfanne erhitzen und die Filets mit der Hautseite nach unten hineinsetzen. 2 Knoblauchzehen schälen, leicht andrücken und mit dem Thymian zufügen. Wölben sich die Filets, diese mit einer kalten Pfanne etwa 30 Sekunden lang beschweren. Die Filets bei hoher Temperatur braten, bis die Hautseite knusprig ist. Zum Schluss die Filets wenden, 1 EL Butter in die Pfanne geben und die Filets auf der Fleischseite kurz (etwa 30 Sekunden) zu Ende braten.

Gehackte Petersilie zusammen mit der Butter zum Artischocken-Kartoffel-Gemüse geben, evtl. noch etwas Brühe zufügen (das Gemüse sollte auf keinen Fall trocken sein) und nochmals stark aufkochen. Das Gemüse samt dem Sud auf Teller verteilen und jeweils eine Portion Loup de mer daraufsetzen. Das Ganze mit Fleur de Sel bestreuen und sofort servieren.

Pochierter Steinbutt mit Weinbergpfirsichen und Eisenkrautsauce

Ergibt 4 Portionen
Zubereitungszeit: ca. 45 Minuten
Kochzeit (Fond): ca. 45 Minuten

–

Für den Fischfond: 1 kg topfrische Steinbuttkarkassen · ½ Fenchelknolle · 1 Knoblauchzehe · ½ Karotte · 50 g Lauch (nur das Weiße) · 1 Stange Staudensellerie · 1 EL Butter · 200 ml Weißwein · Salz

4 Steinbuttfilets à 120–150 g · Salz, weißer Pfeffer · 6 Zweige Eisenkraut · 6 Weinbergpfirsiche, ersatzweise weiße Pfirsiche · ½ mittelgroße weiße Zwiebel · 1 TL + 100 g kalte, in Würfel geschnittene Butter · 1 Spritzer Zitronensaft · weiche Butter zum Einfetten von Topf, Teller und Folie · Alufolie

Steinbuttkarkassen wässern und das Wasser so oft auswechseln, bis es möglichst klar ist. Dann die Karkassen auf ein Sieb geben und abtropfen lassen. Fenchel waschen und in Streifen oder Würfel schneiden. Knoblauchzehe schälen und halbieren, Karotte schälen und in feine Scheiben schneiden. Lauch und Staudensellerie waschen und ebenfalls in feine Ringe bzw. Streifen schneiden.

Für den Fond 1 EL Butter in einem großen Topf erhitzen und darin das vorbereitete Gemüse farblos anschwitzen. Steinbuttkarkassen zugeben, etwa 2 Minuten mit anschwitzen, dann Weißwein angießen und mit etwas Salz würzen. Wein zum Kochen bringen und die Karkassen vollständig mit kaltem Wasser bedecken. Alles langsam zum Kochen bringen, Temperatur verringern und den Fond 30 Minuten leise simmern lassen.

Fond behutsam durch ein feines Sieb passieren, dabei die im Sieb verbleibenden Reste nicht ausdrücken, sondern nur ablaufen lassen, evtl. den Fond durch ein Tuch passieren. Fond zum Kochen bringen und auf 700 ml einkochen.

Währenddessen Steinbuttfilets mit Salz und weißem Pfeffer würzen und nebeneinander in einen flachen, gebutterten Topf setzen. Eisenkraut waschen, die Hälfte davon in den kochend heißen Fond geben, damit die Steinbuttfilets übergießen. Einen Deckel aufsetzen, den Topf vom Herd ziehen und je nach Dicke der Filets 5–15 Minuten pochieren. Der Fisch ist fertig, sobald sich Zeigefinger und Daumen in der Mitte des Filets ohne Druck von unten und oben durch das Filet schieben und berühren können.

Die gegarten Steinbuttfilets auf einen gebutterten Teller setzen, mit gebutterter Alufolie abdecken und im auf 100 °C vorgeheizten Backofen warm stellen.

Inzwischen die Haut der Pfirsiche mit einem Messer leicht einritzen. Pfirsiche in sprudelnd kochendem Wasser blanchieren, bis sich die Haut leicht abziehen lässt. Pfirsiche abgießen, kalt abschrecken, häuten, das Fruchtfleisch in Spalten schneiden und die Pfirsichkerne entfernen.

Weiße Zwiebel schälen, in dünne Streifen schneiden und in 1 TL Butter farblos anschwitzen. Etwas Wasser angießen und weich dünsten.

Pochierfond durchpassieren und auf etwa 100 ml einkochen. Die in Würfel geschnittene Butter zufügen und den Fond mit einem Pürierstab mixen, bis die Butter vollständig eingearbeitet ist. Sauce mit Salz und etwas Zitronensaft abschmecken.

Pfirsichstücke zu den Zwiebelstreifen geben, die restlichen Eisenkrautblättchen zufügen und die Buttersauce angießen. Alles erwärmen, ohne dass die Sauce zu kochen beginnt.

Pfirsichstücke und Zwiebeln auf vier Teller verteilen, jeweils eine Portion Steinbutt daraufsetzen. Sauce mit dem Pürierstab aufschäumen, alles damit begießen und sofort servieren.

Butter

Während das Olivenöl als Synonym für eine gesunde mediterrane Kost seit Jahrzehnten geschätzt wird, hatte es die Butter lange schwer. In einer beispiellosen Imagekampagne gelang es der Margarineindustrie in den 8oer Jahren, ihre fragwürdigen Kunstfette als besonders gesund erscheinen zu lassen. Die gute alte Butter galt dagegen als Sündenfall, weil sie viel Cholesterin und gesättigte Fettsäuren enthält. Zwar hatte die Menschheit über 5.000 Jahre lang ohne erkennbaren gesundheitlichen Schaden Kühe gehalten und deren Milchfett konsumiert. Doch nun sahen viele Ernährungsexperten in eben diesem Milchfett die Ursache allen Übels.

Obwohl die Hypothese von den »bösen« gesättigten Fetten und der vermeintlichen Schädlichkeit des Cholesterins im Essen wissenschaftlich immer umstritten war, wurden die Stimmen der Kritiker erst Ende der 9oer Jahre etwas lauter. Inzwischen ist klar, weil in vielen Studien gezeigt: Weder gesättigte Fettsäuren noch das Cholesterin im Essen verursachen Herzinfarkte oder Arterienverkalkung. So gibt es auch bis heute keine Studie, die zeigen würde, dass Butteresser häufiger an Herzinfarkt, Schlaganfall oder Schlimmerem erkranken. Eher das Gegenteil ist der Fall: Meist sank das Risiko verschiedener Erkrankungen, je mehr Milch(fett) verzehrt wurde. Zudem leiden Butteresser seltener an Heuschnupfen und Asthma.

Selbst die Auswirkungen von Milchfett auf den Cholesterinspiegel sind nicht immer so, wie man es erwarten würde – schließlich sind Milch und Butter mehr als nur eine Ansammlung von Fettsäuren. Es sind komplexe Lebensmittel, die eine Fülle an Inhaltsstoffen mit verschiedenen Wirkungen aufweisen. So sanken bei schwedischen Teenagern die Cholesterinspiegel, je mehr Milchfett sie zu sich nahmen. Bei gesunden schwedischen Männern sank mit steigendem Konsum von Milchfett die Anzahl gefährlicher Cholesterinpartikel im Blut. Auch andere Risikofaktoren für Herz-Kreislauf-Erkrankungen verringerten sich mit steigendem Milchfettverzehr, zumindest dort, wo Milch seit langem üblich ist und vertragen wird.

Aus all diesen Beobachtungen darf nicht geschlossen werden, dass Butter in Unmengen gesund ist. Sie ist jedoch auch nicht ungesund und es gibt keinen Grund, auf dieses Lebensmittel zu verzichten – zumal ihr Geschmack einzigartig ist. Ein Teil der Butteraromen stammt aus dem Futter der Kühe: Ob Gras, Heu, Silage, Klee oder Kräuter, die Futterpflanzen enthalten aromatische Inhaltsstoffe, die bis in die Milch und auf diesem Weg auch in die Butter gelangen. Vor dem Buttern muss der Rahm eine Weile reifen. Für Sauerrahmbutter werden vor dem Reifen Milchsäurebakterien zugesetzt, die außer Milchsäure auch typische Butteraromen bilden. Bei der heute üblichen mild gesäuerten Butter wird süßer Rahm verbuttert und anschließend ein Konzentrat der entsprechenden Bakterienprodukte eingearbeitet.

Im Vergleich zu anderen Fetten besitzt Butter ein sehr breites Spektrum an Fettbausteinen. Durch deren unterschiedliche Schmelzpunkte werden die im Butterfett gebundenen Aromen nach und nach frei, sodass das Geschmackserlebnis länger anhält. Auch beim Erhitzen entfaltet Butter einen typischen, angenehmen Geschmack. Wird mit Butter gebacken, bilden sich Bräunungsprodukte, wie sie typisch für den Geschmack von Croissants oder Karamell sind. Beim Braten kommt es ebenfalls zur Bildung spezieller, buttertypischer Aromen. Im Detail sind die Geheimnisse des Butteraromas noch längst nicht entschlüsselt. Vermutlich deshalb ist der Geschmack guter Butter noch immer einzigartig.

Dorade in der Salzkruste

Ergibt 2 Portionen
Zubereitungszeit: 60 Minuten

—

Für das Paprika-Tomaten-Gemüse: je 2 rote und gelbe Paprikaschoten · 16 Kirschtomaten (nach Belieben gelb, orange und rot) · 2 Schalotten · 2 Knoblauchzehen · einige Basilikumblättchen · 3 EL Olivenöl · 2 EL schwarze Oliven ohne Stein · Salz, Pfeffer · Backpapier

Für die Dorade: 2,5 kg grobes Meersalz · 3 Eiweiß · 1 Dorade Royale à ca. 750 g, ausgenommen, mit Schuppen · 5 Zweige Thymian · 1 Zweig Rosmarin · 3 Knoblauchzehen · 2 Lorbeerblätter · 4 EL sehr gutes Olivenöl

Für das Gemüse Paprikaschoten waschen, der Länge nach halbieren. Stiel, Kerne und weiße Innenwände entfernen. Die Paprikahälften mit der Schnittfläche nach unten auf ein mit Backpapier ausgelegtes Backblech setzen und im vorgeheizten Backofen bei 230 °C Oberhitze auf der mittleren Schiene backen, bis sich die Haut schwarz färbt.

Das Blech aus dem Ofen nehmen, Paprika mit einem feuchten Küchentuch abdecken und abkühlen lassen. Den Backofen auf 200 °C Ober-/Unterhitze herunterschalten.

Für die Salzkruste das Meersalz mit dem Eiweiß vermischen, 50 ml Wasser zufügen und ca. 3 Minuten mit den Knethaken des elektrischen Handrührgeräts verrühren.

Dorade innen und außen waschen und trocken tupfen. Kräuter waschen und trocken schleudern. Die Bauchhöhle der Dorade mit Thymian, Rosmarin, leicht angedrückten Knoblauchzehen und Lorbeer füllen.

Auf einem mit Backpapier ausgelegten Blech ein Drittel des Salzes in Form und Größe des Fisches verteilen. Fisch auf das Salzbett legen, mit dem restlichen Salz bedecken und für 35 Minuten auf der untersten Schiene in den auf 200 °C vorgeheizten Backofen schieben.

Währenddessen für das Gemüse den Strunk der Tomaten herausschneiden und die Haut leicht einritzen. Tomaten kurz in sprudelnd kochendem Wasser blanchieren, mit einer Schaumkelle aus dem Wasser heben, kalt abschrecken und die Haut abziehen.

Schalotten und Knoblauchzehen schälen und fein würfeln.

Die Haut der Paprikaschoten abziehen, dafür evtl. ein kleines Messer zur Hilfe nehmen. Paprikahälften in mundgerechte Stücke schneiden. Olivenöl in einem Topf erhitzen, darin Schalotten und Knoblauch farblos anschwitzen. Paprika und Tomaten zufügen und bei mittlerer Hitze 5–10 Minuten leise köcheln lassen. Basilikum waschen, trocken schleudern und fein hacken. Oliven und Basilikum zum Gemüse geben, alles mit Salz und Pfeffer abschmecken.

Nach 35 Minuten das Backblech mit der Dorade aus dem Ofen nehmen, die Salzkruste vorsichtig öffnen (z. B. mit einem Sägemesser oder mit einem Kochlöffel) und den Deckel vorsichtig abheben.

Fischhaut auf der oben liegenden Seite mit einer Fleischgabel vorsichtig von der Schwanzseite her abziehen.

Das obenliegende Filet vorsichtig von der Gräte lösen und auf einen Teller legen. Dann die Mittelgräte vom Schwanz in Kopfrichtung nach oben abheben. Sämtliche verblieben Gräten vom unteren Filet entfernen. Das untere Filet mit einem Tranchiermesser von der Haut abheben und ebenfalls auf einen Teller setzen.

Die Fischfilets mit sehr gutem Olivenöl beträufeln und mit dem Paprika-Tomaten-Gemüse servieren.

Fischcurry thailändischer Art

Ergibt 4 Portionen
Zubereitungszeit: ca. 1 Stunde

–

250 g weiße Zwiebeln · 1 Stück frischer Ingwer (30 g) · 3 Knoblauchzehen · 400 g Schmorgurke · 500 g Wassermelonenfruchtfleisch · 600 g weißes Fischfilet, ohne Haut und Gräten (z. B. Seeteufel, Steinbutt, Scholle, Seelachs, Lachs) · 3 EL Sonnenblumenöl · 1–2 EL thailändische grüne Chilipaste · 250–300 ml Fischfond · 3 Kaffir-Limettenblätter · 400 ml Kokosmilch · 50 g Instant-Kokoscreme · Saft und abgeriebene Schale von 1 Bio-Limette · Salz · evtl. 1–2 TL Zucker · einige Blättchen Thai-Basilikum

Außerdem: *ca. 250 g Basmatireis · Salz*

Weiße Zwiebeln, Ingwer und Knoblauch schälen und alles sehr fein würfeln.

Schmorgurke schälen, halbieren und Kerne entfernen. Das Fruchtfleisch in etwa 2 cm große Würfel schneiden.

Melonenfruchtfleisch ebenfalls in Würfel schneiden, dabei nach Belieben Kerne entfernen.

Fischfilet auf Gräten überprüfen und in 3 cm lange Streifen bzw. Würfel schneiden.

Basmatireis nach Packungsangabe in leicht gesalzenem Wasser garen.

Währenddessen Sonnenblumenöl in einem Topf erhitzen und darin die Zwiebel-, Ingwer- und Knoblauchwürfelchen farblos anschwitzen. Schmorgurken und Chilipaste zufügen, etwa 2 Minuten mit anschwitzen. Fischfond, gewaschene Kaffir-Limettenblätter, Kokosmilch und Instant-Kokoscreme zufügen und das Ganze 10 Minuten köcheln lassen.

Limettensaft und -schale sowie Fischfilet zufügen, alles mit Salz und evtl. Zucker würzen und ca. 5 Minuten bei geringer Hitze gar ziehen lassen.

Thai-Basilikum waschen und trocken schleudern. Direkt vor dem Servieren die Wassermelone unter das Curry heben.

Basmatireis und Fischcurry in Schälchen oder tiefe Teller füllen, mit Thai-Basilikum bestreuen und sofort servieren.

Kokosnuss

In fast jeder traditionellen Mahlzeit tropischer Länder findet sich etwas von der Kokosnuss: Kokosfleisch dient als Snack oder Zwischenmahlzeit, Kokosmilch wird für Soßen und Getränke verwendet, das Kokosöl zum Braten, Kochen, Backen und Frittieren. Durch die Kombination der Kokosnuss mit den anderen traditionellen Lebensmitteln, wie Fisch, Fleisch, Gemüse, Früchte und Reis, entsteht eine perfekte Ernährungsweise: nahrhaft, sättigend und dabei ausgesprochen vitamin-, mineralstoff- und ballaststoffreich.

Kokosnüsse liefern ein klares, reines Öl mit einem milden, fein-nussigen, aromatischen Geschmack. In tropischen Ländern ist es seit Generationen ein fester Bestandteil des täglichen Lebens. Man verwendet es sowohl für die traditionelle Küche als auch für die Pflege von Haut und Haaren. Die Vorzüge hochwertiger Kokosöle sind hierzulande kaum bekannt. Vielleicht liegt es daran, dass Kokosfett vielen nur als billiges Plattenfett bekannt ist. Dieses herkömmliche Kokosfett wird aus getrocknetem Kokosfleisch (Kopra) gewonnen, das anschließend aufwändig bearbeitet werden muss, um es tischfein zu machen. Im Unterschied dazu bleiben »jungfräuliche« Kokosöle, die auch als Virgin Coconut Oil bezeichnet werden, weitgehend naturbelassen. Die besten Qualitäten stammen von Palmen aus ökologisch arbeitenden Betrieben, in denen die Nüsse nach traditionellen Verfahren verarbeitet werden. Nach einer schonenden Trocknung wird das Fleisch der Nüsse zerkleinert und schonend kalt gepresst. Das so gewonnene hochwertige Kokosöl braucht nur noch gefiltert und abgefüllt zu werden. Kokosöl ist aufgrund seiner Zusammensetzung das hitzestabilste unter den Pflanzenfetten und jahrelang haltbar. Während andere Pflanzenöle durch Hitze, Licht und Luft leicht geschädigt werden können, bleibt Kokosfett auch bei hohen Temperaturen stabil. Damit ist es ideal für die heiße Küche. Sein arteigener Geschmack verleiht den Gerichten eine besondere Note.

Gefährliche Kokosnuss?

Lange Zeit galt Kokosfett als besonders ungesund, weil es viele gesättigte Fette enthält, die den Cholesterinspiegel erhöhen können. Heute weiß man, dass dies erstens für Gesunde keine Rolle spielt und dass zweitens die gesättigten Fette der Kokosnuss vor allem das »gute« Cholesterin erhöhen. Der Hauptbestandteil des Kokosfetts, die Laurinsäure, findet sich auch in Muttermilch. Sie wird vom Körper in eine Substanz umgebaut, die Bakterien, Viren und vermutlich auch Pilze bekämpfen kann. Das deutet darauf hin, dass Kokosnussöl den Körper bei der Krankheitsabwehr unterstützen kann. Auch wenn man keine Wunder erwarten darf, so kann man aus all dem getrost schließen, dass Kokosnüsse nur dann schlecht für die Gesundheit sind, wenn sie einem aus großer Höhe auf den Kopf fallen. Da Kokosöl jedoch nicht alle vom Körper benötigten Fettbestandteile enthält, sollte es nie das einzige Fett in der Küche sein.

Kokosmilch und Kokosmehl

Der nach der Ölgewinnung anfallende Presskuchen aus Kokosnussfleisch kann zu Kokosmehl vermahlen werden, das sich hervorragend als Backzutat eignet. Kokosmehl ist kohlenhydratarm, dabei jedoch sehr ballaststoffreich und von milder Süße. Nicht nur für Getreideallergiker bietet es eine gute Alternative zu üblichen Mehlen. Für Menschen, die keine Milchprodukte vertragen, ist die Kokosnuss ebenfalls ideal. Da ihr Fett erst bei 25 °C schmilzt, ist es bei hiesigen Zimmertemperaturen fest und lässt sich als Streichfett verwenden. Aus Kokosfleisch und Wasser wird die nahrhafte Kokosmilch hergestellt, die sich (ggf. verdünnt) wie Milch verwenden lässt. Besonders gut passt sie zu asiatischen Gerichten, wie zu unserem thailändischen Fischcurry.

Gebratene Wachteln auf Bulgur mit gebackenen Aprikosen

Ergibt 4 Portionen
Zubereitungszeit: ca. 50 Minuten
—

Für die Wachteln und die Walnussjus: 4 Wachteln · 3 EL Olivenöl · 1 Schalotte · 1 EL Sojasauce · 200 ml Hühnerbrühe · Salz, Pfeffer · 2 EL Nussöl

Für den Bulgur: 100 g Bulgur · Salz

Für die Aprikosen: 8 große, reife Aprikosen · 1–2 EL Butter · 2 EL Zucker · 50 g gehäutete, gehackte Mandeln

Wachteln innen und außen abspülen und trocken tupfen. Die Flügel und falls vorhanden die Hälse abschneiden und in einem 1 Olivenöl bei mittlerer Temperatur rundum braun anbraten. Schalotte schälen, in feine Streifen schneiden, zufügen und ebenfalls braun anbraten. Mit Sojasauce ablöschen, Hühnerbrühe angießen und bei niedriger Temperatur etwa 10 Minuten simmern lassen. 100 ml Wasser angießen, aufkochen lassen und die Sauce durch ein Sieb in einen kleinen Topf passieren.

Den Bulgur mit etwas Salz und Wasser nach Packungsangabe garen.

Wachteln innen und außen mit Salz und Pfeffer würzen. Das restliche Olivenöl in einer großen Pfanne oder einem Bräter erhitzen. Die Wachteln jeweils 3 Minuten auf beiden Keulenseiten bei mittlerer Hitze anbraten, dann auf den Rücken setzen und im auf 200 °C vorgeheizten Ofen ca. 20 Minuten braten.

Aprikosen waschen, halbieren und Kerne entfernen. Butter und 1 EL Zucker in einer Pfanne erhitzen. Sobald die Butter geschmolzen ist, die Aprikosen mit der Schnittfläche nach unten in die Pfanne setzen und kurz anbraten. Pfanne vom Herd ziehen, Aprikosen wenden. Mandeln mit dem restlichen Zucker mischen und auf die Aprikosenhälften verteilen. Die Pfanne für ca. 5 Minuten zu den Wachteln in den Ofen geben.

Direkt vor dem Servieren die Jus erhitzen und mit einem Pürierstab das Nussöl einarbeiten.

Bulgur, Wachteln und Aprikosen auf vier Teller verteilen und die Jus angießen.

Geflügelleber mit Chicorée und Weintrauben

Ergibt 4 Portionen
Zubereitungszeit: ca. 30 Minuten
–

Für das Gemüse: Saft von 2 Orangen (ca. 180 ml) · 2 Chicoréestauden · 100 g rote Weintrauben (wenn möglich ohne Kerne) · 1 EL Olivenöl · 1 TL Butter · 1 EL Honig · Salz, Pfeffer

Für die Geflügelleber: 8–12 geputzte Geflügelleberstücke, insgesamt ca. 300–400 g · Pfeffer · 2 Zweige Rosmarin · 1 EL Butter · Fleur de Sel

Orangensaft in einem kleinen Topf auf die Hälfte reduzieren.

Chicorée putzen, waschen und die beiden äußeren Blätter entfernen. Stauden der Länge nach halbieren, Strunk herausschneiden und die Blätter in 3–4 cm breite Stücke schneiden.

Weintrauben waschen, halbieren und evtl. Kerne entfernen.

Geflügelleber kalt abbrausen, trocken tupfen und mit Pfeffer würzen.

Rosmarin waschen und trocken schleudern.

Olivenöl, Butter und Honig in einer großen Pfanne erhitzen, Chicorée darin anbraten. Orangensaft-Reduktion zufügen und einmal aufkochen. Weintrauben zufügen, mit Salz und Pfeffer würzen, evtl. noch etwas Honig zufügen. Chicorée von der Kochstelle ziehen und warm stellen.

Währenddessen in einer Pfanne Butter mit den Rosmarinzweigen aufschäumen. Geflügelleber in der Butter bei geringer Hitze von beiden Seiten jeweils 2–3 Minuten anbraten, bis sie eine schöne Bräunung hat. Die Stücke sollen innen unbedingt rosa sein.

Chicorée auf Teller verteilen und jeweils 2–3 Geflügelleberstücke darauf anrichten. Die Leber mit Fleur de Sel würzen und sofort servieren.

Perlhuhnbrust mit Ofensellerie, frischem Mais und Lorbeerjus

Ergibt 4 Portionen
Zubereitungszeit: ca. 1 Stunde
–

Für die Jus: *1 Perlhuhnkarkasse, ersatzweise Hühnerkarkasse · 1–2 EL Olivenöl · 1 Zwiebel · 3 EL Sojasauce · 3 Lorbeerblätter · 1 EL kalte Butter*

Für den Ofensellerie: *1 Sellerieknolle · 3 EL Olivenöl · Salz, Peffer · Öl fürs Backblech*

Für den Mais: *3 frische Maiskolben · 2 EL Butter · Salz*

Für die Perlhuhnbrüste: *4 Perlhuhnbrüste · Salz, Pfeffer · 1–2 EL Sonnenblumenöl · 4 Zweige Thymian*

Für die Jus die Perlhuhnkarkassen mit einem großen Messer klein hacken. In einem passenden Topf Olivenöl erhitzen, darin die Karkasse anbraten. Zwiebel schälen, in dünne Streifen schneiden und zufügen. Anbraten, bis Karkassen und Zwiebeln eine dunkle braune Färbung haben. Mit Sojasauce ablöschen, Lorbeerblätter zufügen und 600 ml Wasser angießen. Alles 20–30 Minuten leise köcheln lassen, zwischendurch evtl. noch etwas Wasser angießen.

Währenddessen Sellerie schälen, waschen und in 2–3 cm große Würfel schneiden. Selleriewürfel in einer Schüssel mit 3 EL Olivenöl, etwas Salz und Pfeffer mischen.

Selleriewürfel auf ein leicht geöltes Backblech geben und in den auf 200 °C vorgeheizten Backofen schieben. Das Gemüse ca. 30 Minuten im Ofen backen, danach testen, ob die Würfel weich sind. Evtl. noch 5–10 Minuten weiterbacken.

Für den Mais Wasser in einem großen Topf zum Kochen bringen, kein Salz zufügen. Maiskolben schälen, in das kochende Wasser geben, Topf vom Feuer ziehen und mit einem Deckel schließen.

Maiskolben 20 Minuten im Wasser ziehen lassen. Mais abgießen und in etwa 3 cm breite Stücke schneiden.

Etwa 20 Minuten vor dem Servieren Perlhuhnbrüste mit Salz und Pfeffer würzen. In einer großen Pfanne Sonnenblumenöl erhitzen, darin die Perlhuhnbrüste mit der Hautseite nach unten anbraten. Thymian waschen und trocken schleudern. Sobald die Haut goldbraun ist, Perlhuhnbrüste wenden, Thymian zufügen und die Pfanne für 12–15 Minuten auf der mittleren Schiene in den auf 180 °C (Umluft 160 °C) vorgeheizten Backofen schieben.

Mais in einer Pfanne oder einem Topf in der Butter leicht anbraten, mit Salz würzen.

Direkt vor dem Servieren die Jus erhitzen, Lorbeer entfernen und mit einem kleinen Schneebesen 1 EL kalte Butter einrühren.

Sellerie und Mais auf vier Teller verteilen, jeweils eine Perlhuhnbrust danebensetzen. Die Jus angießen und alles sofort servieren.

Schweinecurry mit Korianderkartoffeln

Ergibt 4 Portionen
Zubereitungszeit: ca. 1 ¼–1 ½ Stunden

—

1 kg Schweinenacken am Stück · 4 rote Paprika-schoten · 3 mittlere Zwiebeln · 4 frische Knob-lauchzehen · 1 Stück frischer Ingwer (20 g) · 3–4 EL Sonnenblumenöl · 2 Kaffir-Limetten-blätter (aus dem Asia-Laden) · 1 EL thailändische rote Currypaste (aus dem Asia-Laden) · 1 EL eingelegte, grüne Pfefferkörner · 3–4 EL Sojasauce · Saft von 1 Zitrone · 700 ml Gemüsebrühe · 800 g festkochende Kartoffeln · Salz · 2 TL Koriander-saat · evtl. etwas Zucker

Schweinenacken in ca. 4×4 cm große Stücke schneiden.

Paprikaschoten mit einem Sparschäler so gut es geht schälen. Schoten halbieren, Stiele, Kerne und weiße Innenwände entfernen. Jede Hälfte in 4 Stücke schneiden. Zwiebeln, Knoblauch und Ingwer schälen und fein würfeln.

2 EL Sonnenblumenöl in einem großen Topf erhitzen. Kaffir-Limettenblätter waschen. Schweinenacken bei starker Hitze im Öl scharf anbraten. Paprika, Zwiebeln, Knoblauch, Ingwer und Kaffir-Limettenblätter zugeben und alles bei mittlerer Hitze ca. 4 Minuten weiterbraten. Currypaste und Pfefferkörner dazugeben und mit Sojasauce, Zitronensaft und Brühe ablöschen. Bei geringer Hitze und halb geschlossenem Deckel ca. 40 Minuten leise kochen lassen, bis das Fleisch zart ist.

Währenddessen Kartoffeln waschen und in Salzwasser garen. Kartoffeln abgießen, pellen und in grobe Stücke schneiden.

Kurz vor Ende der Garzeit des Currys die Koriandersaat in einem Mörser anstoßen. Restliches Sonnenblumenöl erhitzen, darin die Kartoffeln mit der Koriandersaat leicht anbraten und mit Salz würzen.

Das fertig gekochte Curry evtl. mit etwas Zucker und Sojasauce abschmecken, mit den Kartoffeln in tiefe Teller füllen und sofort servieren.

Gewürze

Im Mittelalter verwendeten die Menschen etwa hundertmal mehr Gewürze als wir heute, obwohl die Spezereien damals immens teuer waren. Lag das wirklich daran, dass man den Geschmack von verdorbenem Fleisch übertünchen wollte? Tatsächlich enthalten viele Gewürze wie Pfeffer, Ingwer, Chilis, Knoblauch, Paprika oder Senf Substanzen, die antibakteriell wirken und Krankheitserreger abtöten. Piment, Oregano und Zimt wirken zudem pilztötend. In Ländern mit schlechten Hygienebedingungen sind solche Wirkungen nach wie vor von großer Bedeutung für die Gesundheit. Doch verdorbenes Fleisch können die Gewürze nicht wieder genießbar machen. Allerdings fördern ihre Scharfstoffe die Durchblutung, sodass man ein klein wenig ins Schwitzen kommt. In heißem Klima hilft der verdunstende Schweiß, den Körper zu kühlen.

All diese Wirkungen erklären die Beliebtheit der Gewürze jedoch nur teilweise. Immerhin ist der Mensch das einzige Tier, das ungewürzte Nahrung ablehnt. Warum also lieben wir die Gewürze so sehr, dass wir ihretwegen Kreuzzüge unternommen und Kriege geführt haben? Für einen solchen Aufwand kommen meist nur psychische Wirkungen in Frage. Nehmen wir als Beispiel den Safran: Er ist zwar hübsch anzusehen, vom Aroma her jedoch eher langweilig. Für das teuerste Gewürz der Welt müssen von Hand zigtausend Narben aus Krokusblüten gezupft werden. Warum macht man sich diese Arbeit? Weil Safran euphorisierend wirkt. Die Ärzte vergangener Jahrhunderte verglichen ihn sogar mit Opium, beschrieben seine krampflösende und schmerzstillende Wirkung und berichteten von »heiteren Delirien«.

Auch Hildegard von Bingen kannte die psychogenen Wirkungen vieler Kräuter und Gewürze. Eine Zubereitung aus Muskat, Nelken und Zimt dämpfe die »Bitterkeit deines Herzens« und mache »den Geist fröhlich«. Erst 800 Jahre später fanden Wissenschaftler einen wahrscheinlichen Wirkmechanismus heraus: Ein wichtiger Inhaltsstoff der Muskatnuss wird in der Leber zu halluzinogenen Stoffen umgebaut. So kommt es, dass Muskat in geringen Mengen mild stimmungssteigernd wirkt (in großer Menge ist er giftig!). Übrigens ist ein Extrakt aus Muskatnuss ein wichtiger Bestandteil der Coca-Cola-Rezeptur. Ob die braune Brause deswegen weltweit so begehrt ist?

Gut gewürzt ist halb verdaut

Eine andere wichtige Eigenschaft vieler Gewürze ist ihre verdauungsfördernde Wirkung. So verhindern Fenchelsamen und Koriander allzu lästige Blähungen, Kümmel macht Kohlgerichte bekömmlicher. Ingwer, Paprika und Senf fördern die Speichel- und Magensaftsekretion. Mehr Speichel bedeutet nicht nur, dass die Nahrung besser verdaut werden kann, sondern auch mehr Schutz vor Karies, weil die Zähne besser gereinigt werden. Mehr Magensaft sorgt für eine stärkere Aktivierung von Verdauungsenzymen, sodass die Nahrung bekömmlicher wird.

Auch wenn heute wirksame Arzneien gegen die meisten Krankheiten verfügbar sind, erfreuen sich natürliche Methoden einer zunehmenden Beliebtheit. Medizin und Pharmazie wenden sich seit geraumer Zeit wieder mehr den natürlichen Inhaltsstoffen von Pflanzen zu. So stellte sich bei Labortests heraus, dass das Kurkumin, der gelbe Farbstoff aus Kurkuma, vielfältige Gesundheitswirkungen besitzt: Es wirkt antibakteriell, antioxidativ und entzündungshemmend. In einigen Versuchen konnte es sogar Krebszellen schädigen. Die uralte menschliche Angewohnheit, das Essen gut zu würzen hat also einen tieferen Sinn.

Hirschrücken mit Spitzkohl und Essig-Kirschen

Ergibt 4 Portionen
Zubereitungszeit: ca. 80 Minuten

–

*Für die Sauce: ½–1 EL Sonnenblumenöl · 200 g
Hirschabschnitte · 1 Schalotte · 1 EL Haferflocken ·
150 ml Portwein · ½ Zweig Rosmarin · 1 Lorbeerblatt · 5 Wacholderkörner · 5 Pfefferkörner · 250 ml
trockener Rotwein · 500 ml Wildfond · 1 TL kalte
Butter*

*Für die Essig-Kirschen: 200 g Sauerkirschen
(ersatzweise TK-Sauerkirschen) · 3 EL Zucker ·
4 EL Rotweinessig · 50 ml Rotwein · 1 Lorbeerblatt ·
1 Nelke*

*Für den Spitzkohl: 1 Spitzkohl à ca. 700 g · Salz ·
1 Schalotte · 1 Knoblauchzehe · 50 g Butter ·
100–150 ml Gemüsebrühe · Pfeffer · 1 Prise Zucker*

*Für die Hirschfilets: 400–600 g Hirschfilet · Salz,
Pfeffer · ca. ¼ TL gemahlener Zimt · 40 g Butter ·
Fleur de Sel · Alufolie*

Für die Sauce in einem Topf das Sonnenblumenöl
erhitzen, Hirschabschnitte darin scharf anbraten.

Schalotte schälen, in Scheiben schneiden und
zu den Abschnitten geben. Weiterbraten, bis die
Schalotte ebenfalls Farbe angenommen hat. Haferflocken darüber verteilen, kurz mit anbraten. Mit
Portwein ablöschen. Rosmarin waschen, trocken
schleudern und mit den Gewürzen zum Fleisch
geben. Die Flüssigkeit fast vollständig einkochen
lassen. Rotwein angießen und ebenfalls fast vollständig einkochen lassen. Wildfond angießen,
die Sauce weitere 5 Minuten kochen lassen, dann
durch ein feines Sieb passieren, dabei die im Sieb
verbleibenden Reste gut auspressen. Die Sauce in
einem kleinen Topf auf etwa 250 ml einkochen.

Inzwischen die Kirschen waschen und abtropfen lassen, Stiele und Kerne entfernen.

Zucker in einem kleinen Topf hellbraun karamellisieren lassen und mit Rotweinessig, Rotwein
und 50 ml Wasser ablöschen. Kirschen, Lorbeer
und Nelke zufügen, 5–10 Minuten unter gelegentlichem Umrühren leise köcheln lassen.

Kirschen zur Sauce geben und alles zusammen
weitere 5 Minuten köcheln lassen. Sauce mit Salz
und evtl. etwas Zucker abschmecken.

Strunk des Spitzkohls mit einem spitzen Messer herausschneiden. Die äußeren Blätter entfernen, restliche Blätter vorsichtig lösen, den unteren,
festen Teil der weiße Mittelrippe herausschneiden.
Kohl waschen. Reichlich Salzwasser in einem Topf
zum Kochen bringen, darin den Spitzkohl bissfest
blanchieren (1–2 Minuten). Kohl abgießen, kalt
abschrecken und auf einem Sieb abtropfen lassen.

Etwa 20 Minuten vor dem Servieren Hirschfilet
mit Salz, Pfeffer und Zimt würzen. In einer Pfanne 40 g Butter bei geringer bis mittlerer Hitze aufschäumen lassen und darin die Hirschfilets von
beiden Seiten jeweils ca. 2 Minuten anbraten. Die
Pfanne für 8–10 Minuten in den auf 180 °C (Umluft 160 °C) vorgeheizten Backofen schieben. Machen Sie zwischendurch den Drucktest.

Währenddessen für den Spitzkohl Schalotte
und Knoblauch schälen, fein würfeln und in einem
Topf in 50 g Butter farblos anschwitzen. Spitzkohl
in breite Streifen schneiden und mit der Gemüsebrühe zufügen. Das Ganze zugedeckt 3–4 Minuten
leise köcheln lassen und mit Salz, Pfeffer und einer
Prise Zucker abschmecken.

Hirschfilet aus der Pfanne nehmen, in Alufolie
einschlagen und 5 Minuten ruhen lassen.

Sauce aufkochen, vom Herd ziehen und mit
einem kleinen Schneebesen das Butterstück einrühren.

Spitzkohl auf Teller verteilen, Hirschfilet aufschneiden und daraufsetzen. Sauce mit Kirschen
darum verteilen, Fleisch mit Fleur de Sel bestreuen
und sofort servieren.

Beerengratin

Ergibt 4 Portionen
Zubereitungszeit: ca. 25 Minuten

–

*800 ml Orangensaft · abgeriebene Schale von 1 ½
Bio-Orangen · 1 Päckchen Bourbon-Vanillezucker ·
250 g Himbeeren · 250 g Brombeeren · 200 g
Schwarze Johannisbeeren · 200 g Rote Johannisbeeren · etwas Puderzucker zum Bestäuben ·
250–300 ml Schlagsahne*

Orangensaft in einem Topf auf 200 ml einkochen
und abkühlen lassen. Anschließend abgeriebene
Orangenschale und Vanillezucker einrühren.

Beeren waschen, Johannisbeeren von den Rispen streifen.

Beeren mischen und in vier kleine oder eine
große ofenfeste Form verteilen und mit Puderzucker bestäuben.

Sahne steif schlagen und mit dem Orangensaft verrühren. Orangensahne über den Beeren
verteilen.

Die Beeren auf der oberen Schiene unter den
vorgeheizten Backofengrill (250 °C) schieben und
gratinieren, bis die Oberfläche eine leichte Bräunung bekommt (3–6 Minuten).

Mandel-Dattel-Kuchen mit Orangen-Karamellsauce

Ergibt 10–12 Stück
Zubereitungszeit: ca. 45 Minuten
Backzeit: 30–35 Minuten
–

Für den Teig: 2 Kardamomkapseln · 5 Pfefferkörner · 4 Pimentkörner · etwas geriebene Muskatnuss · 85 g Datteln · 100 g gehäutete Mandeln · 200 g weiche Butter + Butter zum Fetten der Formen · 200 g brauner, feiner Zucker · 1 Prise Salz · abgeriebene Schale von 1 Bio-Orange · 4 Eier (zimmerwarm) · 200 g Mehl · 1 gestrichener TL Backpulver · 10–12 Kuchenförmchen (ca. 120 ml Inhalt) oder 1 Kastenform (25 cm lang)

Für die Krokantmandeln: 70 g gehäutete, grob gehackte Mandeln · 70 g feiner Zucker · Backpapier

Für die Orangen-Karamellsauce: 4 EL Zucker · 300 ml Orangensaft · abgeriebene Schale einer Bio-Orange · 1 TL Butter

Kardamomkapseln in einem Mörser anstoßen, die dunklen Saatkörner herauslösen, Schalen entfernen. Saatkörner mit Pfeffer und Piment im Mörser fein zermahlen. Geriebene Muskatnuss daruntermischen.

Datteln vierteln, entsteinen und in ca. 1 cm große Stücke schneiden. Mandeln hacken und in einer Pfanne ohne Fett hellbraun rösten.

Weiche Butter, Zucker, Salz und Orangenschale mit den Quirlen des Handrührgerätes sehr schaumig aufschlagen, nach und nach die Eier vollständig unterarbeiten. Datteln, Mandeln, Mehl, Backpulver und die Gewürze mischen und unter die Butter-Ei-Mischung heben. Formen buttern und den Teig einfüllen. Im vorgeheizten Backofen bei 180 °C 30–35 Minuten goldbraun backen (Kastenform 45–50 Minuten).

Für die Krokantmandeln die gehackten Mandeln in einer Pfanne bei mittlerer Temperatur hellbraun rösten. Zucker zufügen und unter Rühren mit einem Holzlöffel rundum karamellisieren lassen.

Mandeln auf ein Stück Backpapier geben, mit dem Löffel ausbreiten, abkühlen lassen und anschließend in Stücke brechen.

Für die Sauce Zucker in einer Pfanne hellbraun karamellisieren lassen, mit Orangensaft ablöschen, Orangenschale zufügen und die Flüssigkeit auf 150 ml einkochen lassen. 1 TL Butter mit einem Schneebesen unterrühren.

Zum Servieren Küchlein auf Teller setzen, mit Orangen-Karamellsauce begießen und mit Mandelkrokant bestreuen.

Süßes

Sie können nichts dafür, denn die Vorliebe für Süßes ist uns angeboren. Träufelt man Neugeborenen eine Zuckerlösung auf die Zunge, lächeln sie selig. Das haben neugierige Forscher ausprobiert, übrigens auch bei Tierbabys. Immerhin ist die erste Nahrung aller Säugetiere, die Muttermilch, süß. Mit dem Trinken an der Brust lernt das Baby, dass Süßes nahrhaft und gesund ist. Auch in der menschlichen Evolution war es stets so, dass die süßen Früchte bekömmlich und nährstoffreich waren, während Bitteres oder Saures zunächst mit Vorsicht genossen werden musste, denn es konnte ja giftig oder verdorben sein. Mit der Vorliebe für die Geschmacksrichtung süß hilft die Natur, unschädliche und nahrhafte Speisen zu erkennen und vorzuziehen. Freilich gab es in all den Jahrtausenden unserer Evolution keine Supermärkte mit meterlangen Süßwarenregalen.

Die Lust auf Zucker ist also vorprogrammiert. Deshalb können wir ihn auch so erfolgreich für unsere gesellschaftlichen Rituale benutzen: Er versüßt den ersten Schultag, schmückt Osternester und Weihnachtsteller und beglückt die Älteren in Form von Likör und Konfekt. Mit ihm wird Artigsein belohnt, werden Tränen getrocknet und Schreihälse beruhigt. Die Zeiten, da Zucker so teuer war, dass er nur in Apotheken angeboten wurde, sind längst vorbei. Heute haben wir ein Problem damit, weil er billig und in Massen zu haben ist. Seit Jahren warnen Ernährungswissenschaftler vor dem »Vitaminräuber Zucker« und dennoch können ihm die meisten nicht entsagen.

Zucker – der Stoff, der Laune macht

Es liegt daran, dass Zucker unsere Psyche beeinflusst. Er beruhigt, hebt die Stimmung und macht »abhängig«, weil er dafür sorgt, dass in unserem Gehirn eine bestimmte Substanz entstehen kann, das Serotonin. Serotonin ist eine Art Botenstoff, der uns Wohlbefinden vermittelt. Wie viel Serotonin sich im Gehirn befindet, hängt unter anderem davon ab, was wir essen. Wenn wir Zucker naschen, so schüttet der Körper Insulin aus. Das Insulin sorgt dafür, dass im Gehirn Serotonin entsteht. Ganz normale Lebensmittelbestandteile, in diesem Fall der Zucker, können also regelrecht »Laune machen«. Eben deshalb essen so viele Menschen so gerne Süßes, vor allem, wenn sie schlecht drauf sind. Und weil Süßstoffe diese Fähigkeit nicht haben, befriedigen sie den Süßhunger nie so gut wie Zucker.

Übrigens erhöhen auch Licht und körperliche Betätigung das Serotonin im Gehirn. Wer an übermäßigem Süßhunger leidet, sollte es daher einmal mit mehr Bewegung an frischer Luft versuchen. Wenn danach immer noch ein Bedürfnis nach Süßem besteht, dann sollte man es mit gutem Gewissen genießen. Es geht hier nicht darum, den Zuckerkonsum zu fördern. Zucker ist ebenso wenig nötig wie Alkohol, und viele Zeitgenossen übertreiben es mit den Süßigkeiten. Es geht darum, zu verstehen, warum wir Menschen so auf Süßes stehen. Erst wenn man die Zusammenhänge verstanden hat, kann man seinen Konsum – und den seiner Kinder – auf ein individuell vernünftiges Maß einpendeln.

Birnen in Ingwer-Zitronengras-Sud

Ergibt 4 Portionen
Zubereitungszeit: ca. 25 Minuten
Kochzeit: 15–35 Minuten

–

1 Stück frischer Ingwer (15 g) · ½–1 rote Chili-
schote · 2 Stangen Zitronengras · 750 ml
Weißwein · 6 EL brauner Zucker · Saft von
½ Limette · 4 feste Birnen

Ingwer schälen und in hauchdünne Scheiben schneiden. Chilischote waschen, entkernen und in feine Streifen schneiden. Zitronengras gut waschen, die äußeren, holzigen Blätter entfernen. Zitronengras in feine Ringe schneiden.

Zum Kochen der Birnen einen Topf auswählen, in den man die Birnen später senkrecht nebeneinander hineinsetzen kann. (Der Topf sollte auf keinen Fall zu eng sein, aber auch nicht viel zu breit, da man dann zu viel Flüssigkeit benötigen würde.) Weißwein, ca. 400 ml Wasser, 4 EL Zucker, Limettensaft, Ingwer, Chili und Zitronengras in dem Topf zum Kochen bringen. Birnen schälen und in den Sud geben, sie sollten gerade mit Flüssigkeit bedeckt sein. Evtl. noch etwas Wasser angießen. Die Birnen bei geringer Temperatur leise kochen, bis sie weich sind. Dies kann je nach Reifegrad 15–35 Minuten dauern.

Restlichen Zucker in einem kleinen Topf karamellisieren lassen, mit 700 ml Birnensud ablöschen und auf 200 ml einkochen lassen. Birnen auf eine Platte oder vier Teller setzen und mit dem reduzierten Fond begießen. Dazu passt hervorragend Schokoladeneis!

Olivenölkuchen mit Weintrauben

Ergibt 4–6 Portionen
Zubereitungszeit: ca. 30 Minuten
Gehzeit: 45–60 Minuten
Backzeit: ca. 30 Minuten

–

1 Würfel Hefe (42 g) · 40 g Zucker · 400 g Mehl · 110 ml Olivenöl · 1 Prise Salz · 250 g weiße Trauben · 3 Stiele Salbei · 40 g Pinienkerne, die Hälfte davon hellbraun geröstet · 70 g Akazienhonig

Außerdem: Mehl für die Arbeitsfläche · Backpapier

Hefe in 100 ml lauwarmem Wasser auflösen, Zucker unterrühren, mit 70 g Mehl vermischen und an einem warmen Ort 15–30 Minuten gehen lassen.

Restliches Mehl, 80 ml Olivenöl, Salz und weitere 100 ml lauwarmes Wasser mit den Knethaken des elektrischen Handrührgeräts unter den Vorteig kneten. Teig zugedeckt an einem warmen Ort gehen lassen, bis sich sein Volumen verdoppelt hat.

Inzwischen die Trauben waschen und vom Stiel zupfen. Salbei waschen.

Den Teig auf einer bemehlten Arbeitsfläche oval ausrollen und auf ein mit Backpapier ausgelegtes Backblech legen.

2 Salbeiblättchen fein hacken. Eine Hälfte des Teiges mit Trauben belegen, 50 g Honig, gehackten Salbei und die gerösteten Pinienkerne darauf verteilen.

Die andere Hälfte des Teigs darüberklappen, auf der Oberfläche mit den Fingern leichte Mulden eindrücken. Ungeröstete Pinienkerne und restliches Olivenöl darauf verteilen. Restliche Salbeiblätter durch den restlichen Honig ziehen und damit den Kuchen belegen.

Den Kuchen im auf 190 °C (Ober-/Unterhitze) vorgeheizten Backofen auf der unteren Schiene ca. 30 Minuten goldbraun backen.

Wie wir schmecken

Unser Geruchs- und Geschmackssinn fungieren bei der Nahrungsaufnahme als strenge Türsteher. Sie entscheiden, was herein darf, was wir als bekömmlich, lecker und wohlschmeckend empfinden und was als ekelhaft, unbekömmlich oder gar giftig abgelehnt wird. Der Geschmackssinn ist der einfachere von beiden. Er »denkt« in wenigen, klaren Kategorien, die er mithilfe der Geschmacksknospen auf der Zunge und im Rachenraum identifiziert: süß, sauer, salzig, bitter und umami. Scharf ist übrigens kein Geschmack, sondern eine Schmerzempfindung. Der fünfte Geschmack, umami, steht für die brühig-fleischige Note herzhafter Gerichte. Der Name kommt aus dem Japanischen und bedeutet »köstlich«.

Wird der umami-Rezeptor auf der Zunge gekitzelt, weiß der Körper, dass sich Eiweißreiches wie Fleisch oder reifer Käse im Mund befindet. Nun können die entsprechenden Verdauungssäfte vorbereitet werden. Süß signalisiert dem Organismus, dass kalorienreiche Kohlenhydrate im Anmarsch sind. Meldet die Zunge salzig, wird dem Körper die Ankunft von Mineralstoffen signalisiert. Sauer kann Unreifes oder Verdorbenes, aber auch Fermentiertes wie Sauerkraut anzeigen und folglich Ablehnung oder Akzeptanz hervorrufen. Eine Meldung der Bitterrezeptoren ans Gehirn dient seit Urzeiten als Warnung: Viele Gifte schmecken bitter, und so wundert es nicht, dass der Bitterrezeptor tausendmal empfindlicher reagiert als seine Kollegen.

Die Informationen der Geschmacksrezeptoren werden mithilfe von Nervenfasern ins Gehirn geleitet, das sie zusammen mit den Informationen über die Struktur, Viskosität, Fettigkeit, Konsistenz, Temperatur, Schärfe und Farbe zu einem umfassenden Geschmackseindruck verrechnet. Und der beeinflusst wiederum unser Essverhalten. So lässt mit zunehmender Sättigung die Empfindlichkeit der Süßrezeptoren nach. Der »Schmacht« darauf sinkt und wir hören bald mit dem Essen auf. Umgekehrt gilt Hunger als der beste Koch, weil auch er die Geschmackspräferenzen verschiebt.

Wer gerne gut isst und genießt, wird sich fragen, wie die unendliche Fülle der Aromen mit nur fünf Geschmacksqualitäten wahrnehmbar sein soll. Es geht nicht. Unsere Zunge versorgt uns nur mit dem Grundgeschmack, die Feinheiten erledigt die Riechschleimhaut. Die befindet sich jedoch nicht nur in der Nase, sondern auch hinten im Rachen, wo Mund- und Nasenraum aufeinandertreffen. Die Informationen, die auf der Riechschleimhaut auftreffen, werden ebenfalls ins Gehirn geleitet, in den sogenannten Riechkolben. Hier entstehen aus den eingehenden Einzelsignalen komplexe »Geruchsbilder«, die in wieder anderen Hirnregionen erkannt und bewertet werden. Je nachdem, ob ein Essensduft via Nase oder durch den Mund zur Riechschleimhaut gelangt, reagiert das Hirn anders. Kommt beispielsweise ein Schokoladenduft über die Nase, reagieren andere Hirnregionen als bei Schokoduft via Rachenraum. So registriert das Gehirn, ob eine Belohnung bevorsteht oder bereits erfolgt ist.

Der Riechkolben ist auch mit Hirnregionen verbunden, die für Emotionen und Erinnerungen zuständig sind. Das erklärt, warum Düfte so eng mit unserer Gefühlswelt verbunden sind. Daher kann der Geruch eines Parfums so lebhafte Erinnerungen wecken, deswegen bleibt der Puddinggeschmack unserer Kindheit ein Leben lang der allerbeste und so kann das Verlangen nach einem bestimmten Geschmackserlebnis sehr heftig, ja suchtartig sein.

Bio-Nahrung – automatisch gesund?

Morgens ein fertiges Bio-Müsli, weil es schnell gehen muss, zwischendurch ein Bio-Energieriegel, mittags Bio-Burger mit Salat und abends eine Bio-Pizza, heruntergespült mit Bio-Wein. Die meisten Menschen ändern ihre Essgewohnheiten nicht gern, das hat die Natur so eingerichtet. Wer sich um eine gesunde Ernährung bemüht, wird daher am liebsten solche Veränderungen in Angriff nehmen und auch am ehesten beibehalten, die dem bisher Gewohnten nahekommen. Was liegt da näher, als das herkömmliche Schnitzel durch ein Stück Fleisch vom biologisch aufgezogenen Schwein auszutauschen, sich nach Bio-Pommes, Bio-Bier und Bio-Schokolade umzusehen?

Mit einer solchen Ernährungsumstellung wäre die Qualität der eingekauften Lebensmittel zweifelsohne besser als zuvor. So erhalten Tiere auf Öko-Bauernhöfen in der Regel mehr Auslauf und ökologisch erzeugtes Futter, ihr Fleisch kann weniger wässrig sein und gesündere Fette enthalten. Pflanzliche Bio-Lebensmittel werden umweltschonender erzeugt und enthalten weniger Rückstände aus der chemischen Industrie. Zudem werden sie meist weniger aufwändig und mit deutlich weniger Zusatzstoffen verarbeitet. Alles das ist wünschenswert – doch isst automatisch gesund, wer seinen Einkauf auf »bio« umstellt?

Rund um den Begriff bio ranken sich viele Missverständnisse. Manch einer meint, bio sei gleichbedeutend mit einer vegetarischen Kost oder mit fadem »Körnerpicken«. Doch das ist so nicht richtig. Zwar wurden ursprünglich vor allem Vollkorngetreide, Gemüse, Obst, Milchprodukte, pflanzliche Öle, Nüsse, Hülsenfrüchte und Samen in Ökoqualität nachgefragt. Da eine gesunde Ernährung aber auch mit Fleisch möglich ist, gewannen nach und nach auch Bio-Fleisch und Bio-Wurst mehr Anhänger. Längst ist die Biobranche aus ihrer »Müsli-Nische« heraus, das Angebot groß und bunt. Da ist die Bio-Wurst schon mal ebenso rot wie die herkömmliche, weil die EU-Öko-Verordnung Nitritpökelsalz zur Wurstherstellung erlaubt. Anbauverbände wie z. B. Demeter verzichten nach wie vor auf diesen Zusatzstoff. Auch gibt es heute eine Fülle an Fertig- und Halbfertigprodukten in Bioqualität, und das Angebot an Süßigkeiten und Knabberartikeln ist gewachsen. Doch isst man so gesünder?

Natürlich ist es wichtig, dass die Lebensmittel von guter Qualität sind. Biologisch erzeugte Grundnahrungsmittel – also Käse, Obst, Gemüse, Fleisch, Wein, Brot – schneiden da sehr gut ab. Doch wer überwiegend von süßem Brotaufstrich, alkoholischen oder alternativ gesüßten Getränken, von Bio-Snacks und Bio-Fertiggerichten lebt, mag zwar weniger Rückstände und Schadstoffe aufnehmen, gesund ernährt ist man damit aber noch lange nicht.

Auch Bio-Chips und Bio-Eis liefern ganz gewöhnliche Kalorien, Bio-Nussnougat-Creme ist ebenso wie herkömmliche Brotaufstriche zucker- und fettreich und Bio-Wein macht natürlich auch »beschwippst«. Das heißt, dass auch eine aus Biolebensmitteln zusammengestellte Kost nur dann gesund ist, wenn sie dem Körper alle Nährstoffe liefert, die er braucht, und nicht mehr Kalorien liefert, als man verbraucht, denn auch überschüssige Bio-Kalorien landen auf den Hüften.

Das bedeutet auch, dass gesunde Ernährung mit und ohne biologisch erzeugte Lebensmittel möglich ist. Am leichtesten gelingt sie, wenn überwiegend Grundnahrungsmittel verzehrt werden und nur wenig vorgegarte und vorgewürzte Fertigprodukte.

Von den Vorzügen der Hausmannskost

Als die New Economy boomte, stieg der Absatz von grünem Tee um das Dreißigfache und die Speisen mussten möglichst leicht und exotisch sein. Heutzutage wollen Soziologen dagegen eine Abkehr von der »Esoterik« bei Tisch bemerkt haben. Da wir wieder reale Probleme hätten, wollten wir auch wieder etwas »Ordentliches« auf dem Teller sehen. Daher fänden sich auf den Speisekarten wieder Sauerbraten, Rouladen oder Tafelspitz. Die gute alte Hausmannskost erlebt eine Renaissance. Mancher Gesundheitsbewusste bekommt angesichts gekochter Gemüse und panierter Schnitzel jedoch das Grausen.

Mögen Sie Hausmannskost? Oder fallen Ihnen dazu nur schwartenschwere Braten, glitschige Klöße, eingebrannte Soßen, fette Koteletts und zerkochter Rosenkohl ein? Sie mögen lieber internationale Spezialitäten wie Nasi Goreng, Lasagne, Pizza, Gyros, Chop Suey oder Paella? Also mögen Sie doch Hausmannskost, denn diese für uns »exotischen« Gerichte stammen aus der traditionellen Küche unserer europäischen Nachbarn oder fernöstlicher Kulturen. Zwar ist das, was uns hierzulande in Trattorien, Tavernen oder China-Restaurants aufgetischt wird, auf deutsche Gaumen zugeschnitten. Dennoch handelt es sich um Speisen, deren Zusammensetzung in vielen Generationen und Tausenden von Mägen erprobt und als tauglich für die menschliche Ernährung befunden wurden. Und genau das macht den Wert jedweder Hausmannskost aus.

Ernährung, das was wir essen und woraus sich unser Körper aufbaut und regeneriert, ist mehr als nur die Aufnahme von Kalorien, Vitaminen und Ballaststoffen. Bei all den Vorschriften über gesunde Ernährung, die uns täglich überfluten, wird allzu leicht etwas Wesentliches vergessen: Das Essen muss nicht nur theoretisch gesund sein, es muss dem Körper auch gut bekommen und seine Bedürfnisse befriedigen. Normalerweise reguliert der Körper seine Nahrungsaufnahme über den Appetit, denn so bekommt er, was er braucht. Mit Vitaminpillen, Chips und Cola funktioniert das nur bedingt. Denn um optimal zu funktionieren, braucht der Appetit Lebensmittel wie traditionell hergestelltes Brot, ordentlich gebrautes Bier oder eben Hausmannskost, die übrigens weder zerkocht noch fetttriefend sein muss, wenn sie richtig zubereitet wird.

Gesunde Kost braucht Natur und Kultur

Wer unter gesunder Ernährung vor allem Salat und volle Körner versteht, wird sich fragen, ob es tatsächlich gesund sein kann, dass in der traditionellen Küche so viel gekocht, gegart und gebacken wird. Sicher, in der Hitze des Kochtopfes und im Backofen werden Krankheitskeime abgetötet, doch die Hygiene ist nicht alles. Eine weitere Antwort liefert uns die Biologie. Denn die traditionellen Zubereitungs- und Verarbeitungsverfahren für Lebensmittel hatten einen biologischen Sinn: Sie machen vor allem die pflanzlichen Lebensmittel wie Kartoffeln, Kraut und Körner erst bekömmlich für das menschliche Verdauungssystem.

Die körpereigene Regulation der Nahrungsauswahl über den Appetit funktioniert mit traditionell verarbeiteten und einfachen Lebensmitteln am besten. Das macht die Hausmannskost so wertvoll: Sie hat sich in langer Zeit bewährt. Wichtig ist dabei natürlich, dass sie aus guten Grundnahrungsmitteln zubereitet wird, die angemessen verarbeitet und mit richtigen Gewürzen und Kräutern versehen wurden. Moderne Nachbauten mit Aromen, Geschmacksverstärkern und Füllstoffen können das nicht, auch wenn auf der Packung werbewirksam eine Omi mit Dutt und Schürze am Ofen steht. Richtig Gekochtes aus guten Zutaten – das ist Hausmannskost, die weder hausbacken noch ungesund sein muss.

Was den einen nährt ...

—

Die Regeln sind einfach: Immer ganz vernünftig essen, Kalorien ausrechnen, Fett und Zucker durch Light-Produkte einsparen und schon sind alle schlank und gesund. Wer in der Realität lebt, weiß, wie absurd das ist. Kurios, die Vorstellung ausgerechnet Light-Produkte würden uns schlanker machen. Durch kalorienarmen Zucker- oder Fettersatz lässt sich zwar der Gaumen täuschen, nicht jedoch der Appetit. Solange ihm etwas fehlt, lässt er uns weiteressen. Deswegen nimmt man mit Light-Produkten nicht automatisch ab – manch einer ist dicker mit ihnen geworden.

Offenbar »tickt« der menschliche Körper anders als es sich manche Experten vorgestellt haben. Wer sich morgens vornimmt, mittags nur etwas »Gesundes« zu essen, verspürt beim Eintritt in die Kantine eher Lust auf Pommes. Wer sonntags beschließt, kommende Woche auf Süßes zu verzichten, wird täglich vom Verlangen nach Schokolade und Eis gequält. Und selbst wenn eine Diät gelungen ist, kehren die Kilos in den meisten Fällen klammheimlich wieder zurück. All dies geschieht nicht, weil die Menschen bildungsresistent wären oder noch nicht genug über gesunde Ernährung wüssten. Es geschieht, weil wir mit unseren angeblich »vernünftigen« Entscheidungen in komplexe, körperinterne Regelkreise eingreifen, die nun einmal anders funktionieren, als es die gerade gängige Ernährungsmode vorsieht.

Was den einen nährt, bringt den anderen um – diese Erkenntnis ist keineswegs neu, sondern seit Tausenden von Jahren bekannt. Alle alten Kulturen, seien es indische, chinesische oder europäische, haben bei der Ernährung und in der Medizin auf die Konstitution (lat. constitutio = Zusammensetzung) als Ausdruck der individuellen Physiologie eines Menschen geachtet: auf seinen Körperbau, sein Temperament und seine Verdauungskapazität. Nur die »moderne« Ernährungswissenschaft

leistet es sich noch, alle Menschen weitgehend über einen Kamm zu scheren. Erst allmählich beginnt sie, sich diesem Problem zu stellen. Doch wie findet man heraus, was für wen das Richtige ist? Wie stellen wilde Tiere eine gesunde Ernährung sicher, da sie doch keine Experten befragen können? Ein Blick in die belebte Natur macht klar: Die Nahrungsauswahl muss vom Körper »automatisch« reguliert werden.

Im Prinzip entstehen Hunger und Sättigung durch die Kommunikation zwischen den verspeisten Lebensmitteln einerseits und von Gehirn, Verdauungstrakt und Fettgewebe andererseits. Dabei entscheidet sich beispielsweise, ob wir nach einer Mahlzeit nur voll oder satt und zufrieden sind. Lässt man Versuchspersonen nährstoffarme, großvolumige Mahlzeiten essen, fühlen sie sich hinterher zwar voll, jedoch nicht angenehm gesättigt. Das heißt, dass nicht nur die Menge, sondern auch die Nahrungsqualität vom Körper »gemessen« und mit dem Bedarf abgestimmt wird. So kommt es, dass wir nach einem guten Mahl gewöhnlich jedes Interesse am Essen verlieren. Ein knurrender Magen macht dagegen unruhig und fahrig. Die körperinternen Vorgänge zur Steuerung unseres Essverhaltens äußern sich in Form von (variablen) Geschmacksvorlieben und via Appetit. Deswegen ist der Appetit kein überflüssiger Luxus, sondern äußerst hilfreich für eine gesunde Ernährung.

Die Propagierung voller Körner, fettarmer Joghurts oder großer Salatportionen mag theoretisch richtig sein. Ohne Rücksicht auf die Biologie des menschlichen Verdauungstraktes und die interne Appetitregulation wird sie jedoch ihr Ziel verfehlen. Erfolg versprechende Ernährungstipps müssen zur Biologie des Menschen passen, zu seinen individuellen Vorlieben und den Besonderheiten seines Stoffwechsels.

Glossar

—

Bulgur ist ein Hauptnahrungsmittel im Vorderen Orient und wird wie Reis mit Fleisch und Gemüse gereicht. Es handelt sich um einen vorgekochten, von der Kleie befreiten Weizen, der nach dem Trocknen zu grober oder feiner Grütze geschnitten wird. Grundlage ist meist Hartweizen.

Cousous, ein Grundnahrungsmittel der nordafrikanischen Küche, wird aus befeuchtetem und zu Kügelchen zerriebenem Grieß von Weizen, Gerste oder Hirse hergestellt. Traditionell wird Couscous über kochendem Wasser oder einem kochenden Gericht (in der Couscoussière) gedämpft. Heute ist er meist als vorgegartes Instantprodukt im Handel, das nur noch in heißem Wasser aufquellen muss. Typische Couscous-Gewürze sind Raz el Hanout und für die Schärfe Harissa (Würzpaste aus bis zu 20 Kräutern und Gewürzen, z. B. Chili, Knoblauch, Kreuzkümmel, Koriander).

Clafoutis ist ein französisches Dessert, das aus Obst und einem flüssigen, süßen Eierteig in einer Quicheform gebacken wird. Die klassische Variante mit Kirschen, der »Clafoutis aux cerises« stammt aus dem Limousin.

Fleur de Sel (dt. »Salzblume«) wird z. B. in den Salinen an der Algarve, in der Bretagne und in der Camargue gewonnen. Es ist das feinste Meersalz überhaupt. Nur an heißen, windstillen Tagen entsteht es an der Wasseroberfläche der Salinen als hauchdünne Kruste, die von Hand abgeschöpft wird. Danach wird es nicht weiter behandelt. Seine Calcium- und Magnesiumsulfat-Anteile verleihen ihm seinen außergewöhnlichen Geschmack, der in der gehobenen Küche so geschätzt wird.

Piment d'Espelette ist eine edle, fruchtig-süße Chilisorte mit einer leicht rauchigen Note, die aus dem französischen Baskenland nahe der spanischen Grenze kommt.

Raz el Hanout: Gewürzmischung aus bis zu 25 verschiedenen Zutaten. Ihr Geschmack vereint süße, scharfe und bittere Aromen.

Schümli nennt man in der Schweiz den Café Crème, das Alltagsgetränk der Eidgenossen. Er wird mit einem Kaffeevollautomaten zubereitet und hat ähnlich wie ein Espresso ein Schaumkrönchen (daher der Name).

Smoothies (engl. smooth = fein, gleichmäßig, cremig) sind dickflüssige Getränke aus pürierten Früchten, die je nach Rezept mit Fruchtsaft gemischt werden, um die gewünschte Konsistenz zu erhalten.

Tapenade: eine aus entsteinten Oliven, Anchovis und Kapern hergestellte Paste. Sie eignet sich zum Würzen oder auch pur als Brotaufstrich.

Temaki (dt. »handgerollt«) ist eine Sushiart, die sehr einfach herzustellen ist: Dafür wird Seetang mit verschiedenen Zutaten belegt und zur »Eistüte« gerollt.

Tempura – eine Spezialität der japanischen und thailändischen Küche – ist unseren durch Bier- oder Weinteig gezogenen und dann frittierten Speisen sehr ähnlich. Der Teig enthält jedoch kein Ei und wird mit einer speziellen Mehlmischung, dem Tempuramehl, aus Weizenmehl, Reismehl und Backpulver hergestellt.

Rezeptverzeichnis

–

Stichwortregister

1. Auflage 2010
© 2010 Edel Germany GmbH, Hamburg
www.edel.de

Projektkoordination: Constanze Gölz
Lektorat: Irene Rüter
Fotografie: Wolfgang Schardt
Ernährungstexte: Ulrike Gonder
Gestaltung und Satz: Groothuis, Lohfert, Consorten, Hamburg | glcons.de
Lithografie: Frische Grafik, Hamburg
Druck und Bindung: optimal media production GmbH, Röbel

Printed in Germany

ISBN 978-3-941378-88-9